JN108454

水泳

日大豊山高校式メニュー

基本を軸に泳ぎをつくる

安村亜洲 日大豊山高校水泳部顧問

はじめに

本書は、日頃から日大豊山水泳部が心がけている泳ぎのポイント、練習メニュー、チームビルディング、陸上トレーニング、水泳への考え方などをまとめたものです。幸いなことに、本校は全国大会で活躍する選手を多く輩出することができていますが、他のチームと比べて特別変わったことはしておらず、むしろ"基礎・基本"を多めに取り入れながら、なるべく"シンプルにすること"を心がけています。中学生や高校生は、これから先も成長し続けていくための基礎づくりの期間だと考えているからです。最終的には、自分自身のことを誰よりもよく知り、課題や問題に対する自己解決力を備え、持続して成長していけるような人物、選手になることがゴールだと考えています。

私の水泳に対する考え方は、「全員に当てはまる正解などはなく、自分の泳ぎを試行錯誤しながら確立し、磨いていく」というものです。なぜならば、人それぞれ体格や性格、能力が異なるからです。ただし、ある程度共通している押さえるべき"ポイント"や"基礎や基本"もあります。まずはそれらを習得することで、はじめて自分に合ったよい泳ぎが確立できると考えています。

水中練習で私が普段から気をつけているポイントは3つあります。①抵抗の少ない姿勢、②大きな筋肉を使う、③常によいフォームで泳ぐ、です。さらに、よい泳ぎを習得するためには、順序立てて取り組んでいくと効率がよくなります。①姿勢（ストリームライン）、②キック、③プル、④スイム（コンビネーション）の順番です。種目によっては若干異なる部分もありますが、本書ではこのような順序立てで紹介しているので、効率よく技術を習得できると思います。

また、「よいフォームで泳げる＝速く泳げる」わけではありません。よいフォームと合わせて、必ず体力向上のための日々のトレーニングや強化も必要になります。成長の段階やレベルによって、内容や強度、設定タイムなどを変えながら技術、体力ともに上のレベルへ挑戦していくことが重要になります。いつまでも同じようなことをやっていてもレベルアップはできません。

選手には、「他の人より速くなりたければ、人が真似できないような努力をすればいい」という話をよくしています。努力するということは、体をハードに追い込むだけではなく、技術を磨くことでも同様です。技術や体力の向上に近道などはありませんから、地道にやり続けるしかないのです。そして、日々の努力が自信へと変わっていき、結果につながっていくのです。

本書は、私の今までの選手としての経験、指導者としての経験を踏まえての内容となっています。指導者の方にはぜひ選手一人ひとりと向き合って、臨機応変にアレンジしていただきたいと考えます。まだまだ未熟者ですが、少しでもみなさんのお役に立てることを願っています。

日大豊山高校水泳部顧問
安村亜洲

3

C O N T E N T S

第1章　クロール（自由形）

第2章　背泳ぎ

第3章 平泳ぎ

第4章 バタフライ

本書の使い方

本書では、写真やアイコンを用いて、一つひとつのメニューをわかりやすく解説しています。「やり方」を読んで写真を見ながら、目的を理解し、どこに注意すればいいのか、どの部位や要素の強化に効果的なのかを考えながら行ってください。

目的
なぜこの練習が必要なのか
どうしてこの練習をするのか、
明確な目的を知りましょう。

キーワード
ターゲットは？
どの要素を鍛えられるのか、何を
意識すべきかがわかるように、
キーワードを示しています。

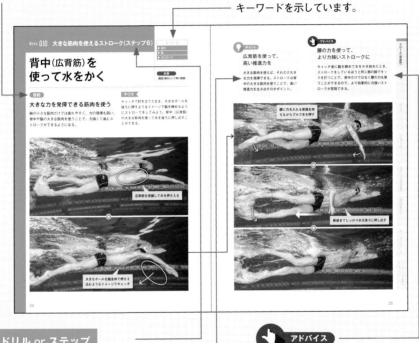

ドリル or ステップ
練習の位置づけを知る
ほとんどのメニュー名のあとには「ドリル」または「ステップ」の表記があります。ドリルは主に練習方法を、ステップは主に泳ぎの意識の部分を紹介しています。

そのほかのアイコン

掲載した練習法のやり方を
変えた形を紹介します。

アドバイス
どうすれば効果が上がるか
より効果的に行うにはどうすればいいか、
著者からのアドバイスです。

どこを意識すればいいか
ポイントを解説。注意点も示しています。

全身の主な筋肉

本書では練習メニューの解説やトレーニングのページの中で鍛えたい部位として、また意識して動かしたい部位として筋肉の名称が出てきます。筋肉がある場所を知ることで、動作やトレーニングがより具体的にイメージできるでしょう。

本書に出てくる主な筋肉

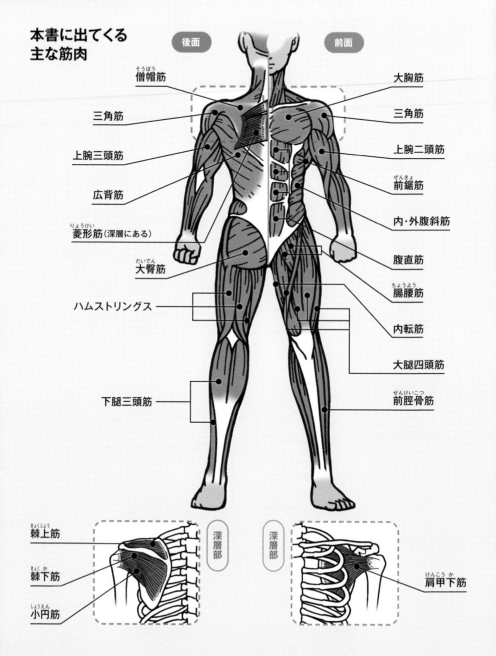

後面　前面

僧帽筋（そうぼう）
三角筋
上腕三頭筋
広背筋
菱形筋（りょうけい）（深層にある）
大臀筋（だいでん）
ハムストリングス
下腿三頭筋

大胸筋
三角筋
上腕二頭筋
前鋸筋（ぜんきょ）
内・外腹斜筋
腹直筋
腸腰筋（ちょうよう）
内転筋
大腿四頭筋
前脛骨筋（ぜんけいこつ）

棘上筋（きょくじょう）
棘下筋（きょくか）
小円筋（しょうえん）

深層部

深層部

肩甲下筋（けんこうか）

第1章

クロール（自由形）

クロール（自由形）は、体力向上を担う練習に使われるだけではなく、
ほかの泳力にも影響を及ぼす基本的な泳法だ。
だからこそ、最初にしっかりと泳ぎの基礎をつくり上げておきたい。

日大豊山流 クロールのポイント

 ## 体幹に力を入れる

特に腰の力を手や足に伝えることが大切である。腰や腹筋に力が入ることで、強い力を発揮できるだけではなく、軸を安定させやすくもなる。

 ## キックは体幹の力を使って打つ

キックは腰、腹筋（腸腰筋）、お尻を意識して脚全体で水を捉えられるように打つ。キックがうまく打てることでボディポジションが高くなり、軸が安定しやすくなる。推進力にもなる。膝を曲げすぎないように気をつける。

 ## ボディポジションを高くする

ボディポジションを高くすることで、水の抵抗を減らすことができる。そのためにはキックとキャッチが必要である。腰を浮かせようとするのではなく、お尻の位置が高いかどうかを意識する。あくまで体幹に力が入っていることが前提である。

 ## 軸は常に真っすぐに

頭の中心は進行方向を向き、体の中心に棒が刺さっているようなイメージを持つ。ローリングも、その棒を中心に身を左右に傾けるイメージで行う。呼吸したときが、一番軸がぶれやすく上下動が大きくなりやすい。ぶれると大きな抵抗を生むだけではなく、力のベクトルが真っすぐ前にならなくなってしまうので気をつけよう。

 ## 上下動が大きくならないようにする

特に呼吸の動作のときに大きくなりやすい。上下動が大きくなると軸がぶれやすくなり、大きな抵抗を生むので注意しよう。

 ## 肘を立てて、水を捉える面積を大きくして押し出す

キャッチで水をつかんで押し出す局面では、腰や広背筋などの大きな筋肉を使いながら、肘を立てて水を押し出す面積を大きくする。泳いでいる最中は、常に高い順に「肘－手首－手」の形になるように位置関係を意識する。

クロール（自由形）
背泳ぎ
平泳ぎ
バタフライ
スタート＆引き継ぎ
補強＆筋トレ
チームビルディング
トレーニング計画＆メニュー

泳ぎのイメージ

水上から

水中から

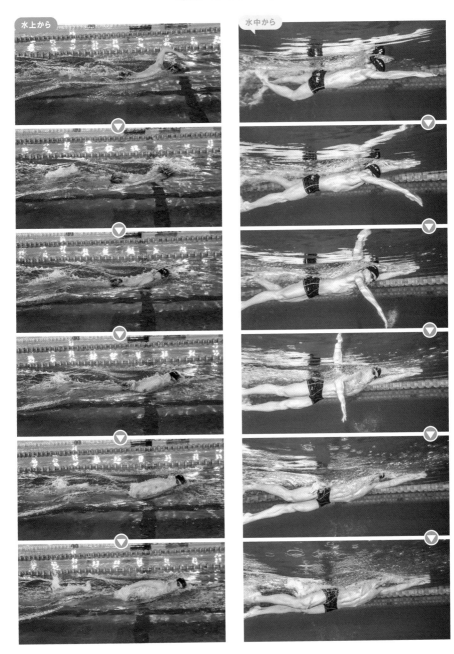

日大豊山流 ストリームライン

キーワード
▶ ストリームライン
▶ 真っすぐ
▶ 抵抗

本数
適宜（基本として常に意識）

目的　**泳ぎの基礎となる ストリームラインをつくる**

クロールだけではなく、ほかの泳ぎでも基礎となるのが姿勢だ。腕を伸ばした状態で真っすぐな姿勢になることを「ストリームライン」という。このストリームラインがすべての泳ぎの基礎になる。まずはこの姿勢をつくる感覚を養っていこう。

やり方

両手の親指を合わせ、腕を真っすぐ頭上に伸ばす。腕を内側に絞るイメージで、肘はしっかりと伸ばす。ポイントは体幹を締めて少しお腹をへこませることと、お尻を締めること。自分が1本の棒になったようなイメージを持とう。

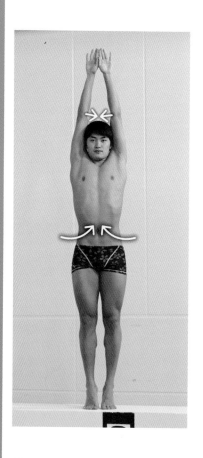

両腕で頭を挟み込むようにして真っすぐな姿勢をつくろう

ポイント

頭は腕で挟む

頭の後ろに腕を持っていくストリームラインの姿勢もあるが、あまりおすすめしていない。理由は、頭の後ろに腕があると、頭のつむじが正面から水の抵抗を大きく受けてしまい、さらには背中も反りやすくなってしまうからだ。耳の後ろあたりを腕で挟むストリームラインだと、背中も反りにくく、体幹にも力を入れやすい姿勢をつくることができる。

クロール（自由形）

背泳ぎ

平泳ぎ

バタフライ

スタート＆引き継ぎ

補強＆筋トレ

チームビルディング

トレーニング計画＆メニュー

腰の力の入れ方を覚える

本数
適宜（基本として常に意識）

目的　大きな力を発揮するために腰をうまく使う

水中では下半身が特に沈みやすい。その下半身を浮かせるためには、体幹はもとより、腰の力をうまく使うことがポイントになる。真っすぐなストリームラインと合わせて、腰の力の使い方を覚えれば、抵抗の少ない姿勢をつくることができ、強い力を発揮しやすくなる。感覚がつかめない場合は、陸上で①肩幅くらいに足を開き、②お尻を後ろに突き出しながら膝を軽く曲げる。③お尻の高さが変わらないように、膝を伸ばすと腰に力を入れる感覚を養いやすい。

やり方

水中で腹圧を入れた状態で浮く。腰から頭、指先までを一直線にするように意識する。肩と両脚（下半身）はリラックスさせる。体幹を締め、骨盤を少し立てるようにして腰に力を入れる。これができれば写真のように上半身が浮いた状態をキープできる。

腰部に力を入れると腰が水面近くに浮いてくる

ポイント

お尻を突き出すのではなく腰に力を入れる

上の写真だけを見ると、お尻を突き出すような形に見えるかもしれないが、腰を反らせてお尻を出すだけでは浮くことはできない。骨盤を立てると同時にお腹に力を入れることで腰に力が入り、写真のように水面にお尻、腰、背中、腕が見える状態で浮き続けることができるようになる。最低でも5秒はこの姿勢で浮けるにようにしよう。

アドバイス

脚の力は抜こう

脚に力が入ると意識がお尻にいきやすくなり、腰に力を入れる、というポイントがぼやけてしまう。脚は沈ませてもよいので力を抜き、だらんとさせておくことで、腰に力を入れる感覚がわかりやすくなる。

体幹（腰と腹筋）を使った キックの打ち方を学ぶ

本数
適宜（基本として常に意識）

目的

高いボディポジションの維持と ぶれない軸づくり

キックは泳ぎをつくるための基本となる。主な役割は、❶高いボディポジションの維持、❷軸を安定させる、❸推進力をつくる、この3つである。体幹を使い、安定して打ち続けられるキックを身につける必要がある。

やり方 ▶

腰に力を入れて、腰の力を足先に伝えられるようにする。腰だけではなく、腹筋を締めて軸を安定させる。腰と腸腰筋（おへその下あたりの腹筋）からもキックを打てるようにし、脚全体で水を押さえるようなイメージで、足首の力を抜いて脚を上下させてバタ足を行う。

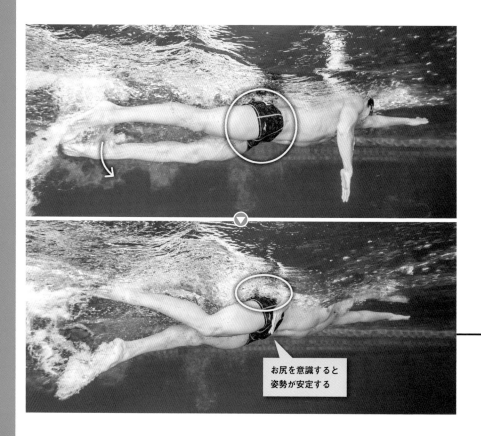

お尻を意識すると 姿勢が安定する

クロール（自由形）

背泳ぎ

平泳ぎ

バタフライ

スタート&引き継ぎ

補強&筋トレ

チームビルディング

トレーニング計画&メニュー

 ポイント

お尻を意識して
腰と腸腰筋を使う

さらに余裕がある人は、腰と腹筋に力が入った状態でお尻を意識してキックをしてみよう。軸が安定しやすく、強い力を発揮しやすい（もちろん個人差はある）。あと注意しなければならないのが、膝を大きく曲げて蹴り下ろすキックである。水の抵抗が大きく腰の力が足先に伝わらないため、あまり好ましくはない。

アドバイス

お尻を浮かせるイメージで

お尻を浮かせるイメージを持って、脚で水を押さえつつ後ろに蹴るように意識するとボディポジションが高くなりやすい。体幹に力を入れることも忘れずに。

腸腰筋を意識してキックを打つと体が浮く

腰と腹筋を使った キックを習得する

本数
25m×4本

目的

体幹と連動させてキックを打つ

ビート板キックをすることでキックだけに集中して行うことができる。力強いキックを打つためには、体幹、特に腰に力を入れて足先に力を伝えることが大切である。

やり方

ビート板を持った状態でシュノーケルをつけて、頭を水中に沈めてストリームラインの姿勢をつくったままでキックを打つ。腰に力を入れながら、腰の力を足先に伝えるように意識する。また腰だけではなく、腸腰筋（おへその下あたりの腹筋）からもキックを打てるようになろう。腹筋全体を締めることも忘れずに。

腰は常に水面近くでキープ

脚全体で水を捉える意識を持つ

ポイント

腰が沈まないよう 注意しよう

体幹を意識して、腰が沈まないように気をつけながら行おう。シュノーケルを使うことで、フラットな姿勢でキックを行いやすくなる。

注意

ビート板キックのときも、膝を大きく曲げて蹴り下ろすキックはなるべく控えるようにしよう。脚のつけ根から蹴り下ろし、脚全体で水を捉えるように。

アレンジ

頭が上がるのは◎。 脚が沈むのは×

頭を上げて行ってもOK。ただ、その場合は腰が反り、脚が沈みやすいので体幹を意識することを忘れずに。

頭を上げた場合は体幹を意識して、脚が沈まないようにする

真っすぐな ストリームラインを維持

本数
25m×4本

目的 スイムに近いキックを覚える

先に学んだキックの基礎を生かした動きで、コンビネーションにつながるキックの打ち方を学んでいこう。ビート板の浮力に頼らず、自分の力でよい形のストリームラインを維持しながらキックの打ち方を意識しよう。

やり方

ストリームラインの姿勢を維持してキックを打つ。指先から足先までを一直線にするのがポイント。キック動作だけではなく、姿勢の維持を意識しながら行おう。

1本の棒が通ったような真っすぐな姿勢でキックを打とう

ポイント

腰やお尻が 下がったり、膝が 大きく曲がったり しないように

「気をつけ」の姿勢でキックをするほうが下半身が沈みにくくなるため、はじめは気をつけキックをして、慣れてきたらストリームラインの姿勢でキックを行うのもおすすめだ。

クロール（自由形）

背泳ぎ

平泳ぎ

バタフライ

スタート＆引き継ぎ

補強＆筋トレ

チームビルディング

トレーニング計画＆メニュー

キーワード
▶ 体幹
▶ 姿勢
▶ お尻
▶ 内転筋

キックの幅と強弱を調整して スピードをコントロールする

本数
適宜(基本として常に意識)

 ポイント

強弱と幅の変化で効率的なキックに

キックの強弱をつけたり、キック幅を変化させたりしても、常に左右の足の親指が軽く当たるようにしておくと、軸がぶれない効率のよいキックができる。また、蹴るときに内転筋を意識すると効率のよいキックになる。ボディポジションが低くならない(体が沈まない)ように、体幹にも力を入れることを忘れずに。

目的 キックのスピードコントロールを身につける

自分が出したいスピードを、キックの強弱と幅で自在にコントロールする方法を身につける。

やり方

力の入れ具合と、キックの幅（上下）をコントロールすることで、キックのスピードを調整する。内転筋を意識して、太ももや足先が必要以上に離れないように注意しよう。

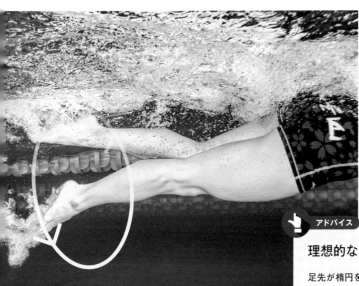

アドバイス

理想的なキックは「楕円」

足先が楕円を描くようなキックができると、効率のよい理想のキックができている証拠だ。

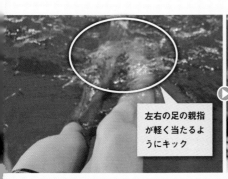

左右の足の親指が軽く当たるようにキック

軸をぶらさずに腰から上半身を動かす

本数
適宜（基本として常に意識）

目的

ローリングでストロークの効率を上げる

上半身を傾けるローリングを使うと、肩関節に負担をかけることなく効率のよいストロークができるようになる。

やり方

胸を張ったまま、ストロークに合わせて腰からローリングを行う。ローリングのしすぎは抵抗が大きくなるので、体を傾けすぎないように気をつけよう。

ポイント

ローリングは腰から行う

腰からローリングを行うことで、キャッチのときに腰の力を指先に伝えやすくなる。また、グライド姿勢*のときに体重を前にのせやすくもなる。しかし、ローリングの動作が大きくなりすぎると、抵抗が大きくなるだけではなく、軸がぶれて強い力が発揮しにくくなる。あくまで体幹に力が入っている状態で行うことが望ましい。

＊入水後、片方の手を前へ十分に伸ばした姿勢

アドバイス

気をつけの姿勢で
腰からローリング

背中が丸まっていると軸がぶれやすくなる。胸を張り、気をつけの状態で中心軸をぶらさず、腰から左右にローリングしてみよう。このとき、つま先はなるべく横を向けないようにするのがコツ。泳ぎながらローリングを意識した練習をするときは、フィンとシュノーケルを使うことで、上半身、腰の動きをより意識しやすくなる。

ポイント

時計をイメージして

ローリングの角度は、正面から見て30〜45度程度。時計で例えると、左肩が「10〜20分」を少しオーバーするぐらい、右肩は「40〜50分」を少しオーバーするぐらいで動くイメージでするとよい。

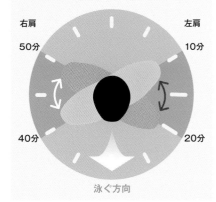

正面から見たローリング（イメージ）

右肩　左肩
50分　10分
40分　20分

泳ぐ方向

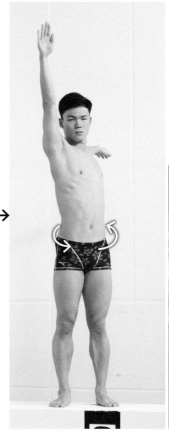

クロール（自由形）

背泳ぎ

平泳ぎ

バタフライ

スタート＆引き継ぎ

補強＆筋トレ

チームビルディング

トレーニング計画＆メニュー

水を捉える面積が大きい キャッチを身につける

本数
適宜（基本として常に意識）

目的　水を押し出すための準備

キャッチ動作で力強く多くの水を捉えることができれば、高い推進力をつくり出すことができる。次のストロークの推進力にもつながってくるため、泳ぎの中で重要な動作である。次に行うストローク（プル動作）で、水をたくさん後ろに向けて押し出すための準備としてのキャッチ動作を身につける。

やり方

ローリングをキャッチ動作の前に行い、腰の力を指先に伝えるように意識しながら小指から水を捉えるようにする。肩が前に出ないようにしながら、肘を水面近くにキープして肘から指先を一枚の板のようにして水を捉える。

キャッチ時は腕の筋肉を意識するのではなく、腰や背中の大きな筋肉を使って腕を動かす意識を持って行ってみよう

親指が下を向かないように、小指を意識しながら水を捉えよう

ポイント

胸を張り、肘を立てて

背中が丸まっていると、肘が下がりやすくなる。胸を張って肘を立てるような動きを意識しよう。入水したときの手の向きも意識する。親指が上で小指が下の形になっていると肘を引きながらのキャッチ動作となるため、水を捉える面積が小さくなってしまう。また「肘ー手首ー手」の順番の高さになっているのか位置関係も気をつけよう。

アドバイス

腕全体で水を捉えよう

肘を持ち上げるのではなく、腕を伸ばした状態から肘の位置は変えず、肘から下で水を捉えるイメージを持とう。

クロール（自由形）

背泳ぎ

平泳ぎ

バタフライ

スタート＆引き継ぎ

補強＆筋トレ

チームビルディング

トレーニング計画＆メニュー

キーワード
▶ 腰、背中
▶ キャッチ
▶ ローリング

体幹の大きな筋肉を使う
キャッチ動作を覚える

本数
適宜（基本として常に意識）

目的　腰や背中を使って
　　　　力強いキャッチをする

腰からローリングした姿勢をつくり、手先ではなく腰をうまく使うことで力強く水を捉え、次のストロークにつなげることができる。

やり方

パートナーに指先と肘を支えてもらった状態で、腰、背中を先導させてから肘を立てる動きを繰り返す。

つま先が内側
を向くように

つま先が外側
を向くように

ポイント

腰と背中の筋肉で
水を引きつける

肘を立てる瞬間、ストロークをする側の腰（写真では右）をローリングさせることで、腰と背中の筋肉を使って、水を引きつけることができる。後ろ足のつま先が、内側を向くように腰から動かすとローリングをしやすい。逆にキャッチの動作のように腰の力を使って引くときは、後ろ足のつま先が外側を向くように回転させるとやりやすい。

アドバイス

軸をぶらさない

腰を先導させて腕を動かすとき、軸が左右にぶれないように注意しよう。

背中（広背筋）を使って水をかく

本数
適宜（基本として常に意識）

目的

大きな力を発揮できる筋肉を使う

腕の小さな筋肉だけでは疲れやすく、力の発揮も弱い。背中や脇の大きな筋肉を使うことで、力強くて進むストロークができるようになる。

やり方

キャッチで肘を立てたまま、大きなボールを後ろに押すようなイメージで脇を締めるようにストロークをしてみよう。背中（広背筋）の大きな筋肉を使って水を後ろに押し出すことができる。

広背筋を意識して水を押さえる

大きなボールを腕全体で押さえ込むようなイメージでキャッチ

クロール（自由形）

背泳ぎ

平泳ぎ

バタフライ

スタート＆引き継ぎ

補強＆筋トレ

チームビルディング

トレーニング計画＆メニュー

ポイント

広背筋を使って、
高い推進力を

大きな筋肉を使えば、それだけ大きな力を発揮できる。ストロークは背中の大きな筋肉を使うことで、高い推進力を生み出すのがポイント。

アドバイス

腰の力を使って、
より力強いストロークに

キャッチ後に脇を締めて水をかき始めたとき、ストロークをしているほうと同じ側の脚でキックを打つことで、背中だけではなく腰の力も使うことができるので、より効果的に力強いストロークが実現できる。

腰に力を入れる意識を持ちながらプルで水を押す

最後までしっかり水を後ろに押し出す

腕全体で後ろに水を押す ストロークを学ぶ

本数
適宜（基本として常に意識）

目的

手の軌道が真っすぐなストローク

キャッチした水を腕全体で後ろに押し、高い推進力を得られるストローク（プル動作）を身につける。

やり方

陸上で行う。キャッチの状態から、手の軌道が真っすぐになるようにしてプル動作を行い、水を後ろに押す。手の平は常に真後ろを向いた状態を維持しよう。プル動作を行い、体の下をかくようにして水を後ろに押し出す。

手の起動は真っすぐ

クロール（自由形）

背泳ぎ

平泳ぎ

バタフライ

スタート＆引き継ぎ

補強＆筋トレ

チームビルディング

トレーニング計画＆メニュー

手の軌道は真っすぐに、効率よく水をかこう

体の外側の水をかいてしまうと、水が重たく感じやすい。それは水をかけているのではなく、効率が悪く腕の力が入れにくいから、重たく感じるだけ。手の軌道は、真っすぐを心がけてストロークしよう。写真は真っすぐ立ってローリングをほとんどしていないため、外側をかいているように見えやすい。しかし、この動きにローリング動作が加わることで、手の軌道は体の下になっている。

手の形は動かさずキープ

手先を意識してしまうと、手の平がいろいろな方向を向いて水を逃がしてしまう。キャッチしたときの手の形を維持したまま、水を真後ろに押し出す意識を持ってみよう。

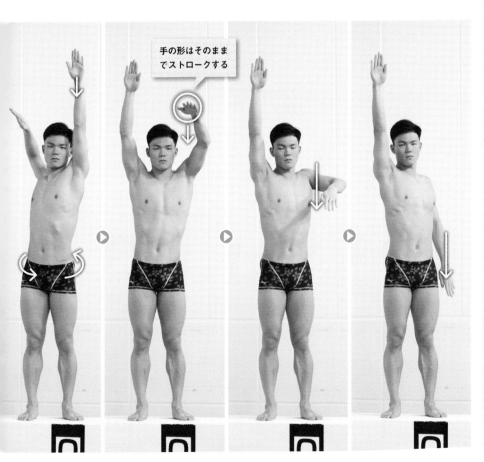

手の形はそのままでストロークする

手の平を後ろに向けて水を押す

本数
適宜（基本として常に意識）

目的

真後ろに水を押して推進力を生み出す

手の平を後ろに向けた状態で、最後まで水を押し出すフィニッシュ動作を身につけることで、高い推進力を生み出すストロークをつくり出せる。

やり方

脇を締めながら、手の平と前腕を後ろに向けたまま伸ばしていく。親指の横で太ももを触るようにしてフィニッシュ動作を行う。

水面から

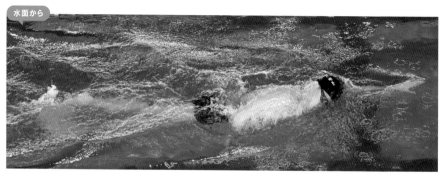

水中から

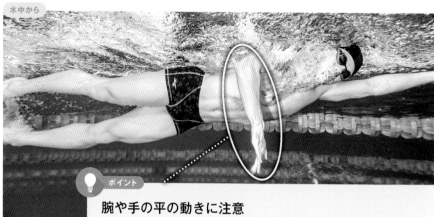

💡 ポイント

腕や手の平の動きに注意

上腕後部の筋肉（上腕三頭筋）を意識してフィニッシュする。腕が内側に入りすぎたり、手の平が後ろを向いていない状態だったりすると水を後ろに押せず推進力が生まれにくい。肘が伸びたときは、手が体側にある状態にしよう。

クロール（自由形）

背泳ぎ

平泳ぎ

バタフライ

スタート＆引き継ぎ

補強＆筋トレ

チームビルディング

トレーニング計画＆メニュー

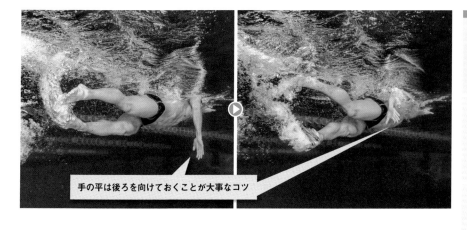

手の平は後ろを向けておくことが大事なコツ

水面から

水中から

アドバイス

感覚と実際の動き、本当に同じ？

自分の感覚と手の動きが違うことがあるので、陸上で確認したり、泳ぎながら頭を後ろに向けて自分の目で腕の動きを見たりしてチェックするとよい。後ろではなく、上に向かってフィニッシュしている人が意外と多い。

キーワード
▶ 体重移動
▶ ハイエルボー
▶ リラックス
▶ 脇、肩甲骨

本数
適宜（基本として常に意識）

体重を前にのせられる
リカバリーを覚える

目的

次のストロークにつなげる準備をする

できるだけ力を抜いて、リラックスした状態でリカバリーを行う。そうすることで前方への体重移動がしやすく、ムダなく次のストロークへとつなげる準備としてのリカバリーができるようになる。軸を安定させるための大事な動作でもある。

やり方

フィニッシュ後、脇を広げて肘を高く上げるようにして水から腕を出し、リラックスして腕を前に持っていく。

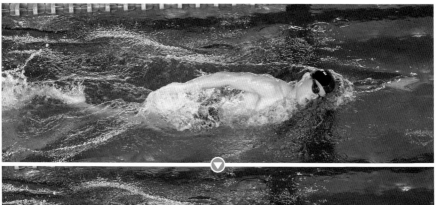

脇を開くようにしてリカバリー

ポイント

ハイエルボーでリラックス

脇をしっかり広げて肘を高い位置に持っていく（ハイエルボー）ことで、腕をリラックスさせやすくなる。肘ー手首ー手の位置関係を忘れずに行う。腕が高い位置で入水できたなら、キャッチ動作につなげやすい。ただしリカバリーを高い位置で行うと体が沈み込みやすくなるため、キックの強化が必要になる。

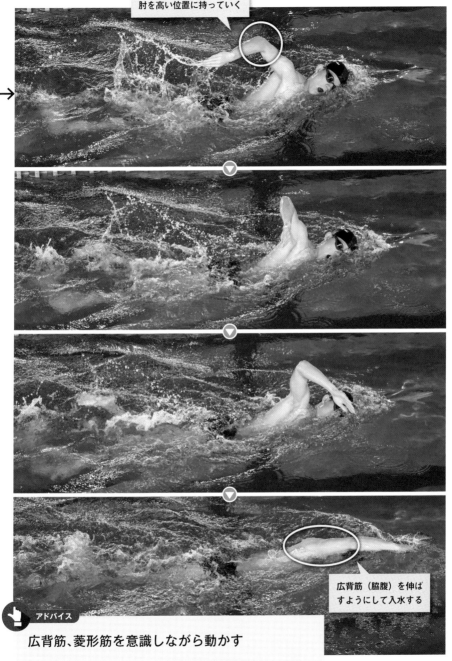

肘を高い位置に持っていく

広背筋（脇腹）を伸ば
すようにして入水する

クロール（自由形）

背泳ぎ

平泳ぎ

バタフライ

スタート&引き継ぎ

補強&筋トレ

チームビルディング

トレーニング計画&
メニュー

アドバイス

広背筋、菱形筋を意識しながら動かす

肩甲骨の内側（菱形筋）を使って大きく動かす意識をすると、体重を
前に持っていく体重移動がやりやすくなる。肩や首から背中にある筋
肉（僧帽筋）で腕を動かしてしまうと故障につながるので注意する。

31

最小限の頭の動きで
素早く呼吸する

キーワード
▶ 呼吸
▶ 頭
▶ タイミング

本数
適宜（基本として常に意識）

目的

泳ぎのリズムを崩さない呼吸動作

自由形で一番抵抗が大きくなりやすいのが呼吸である。この呼吸動作をうまくできないと、抵抗が大きくなるだけではなく、軸もぶれてスピードが落ちやすくなる。頭を動かす呼吸は、ストロークの動きやリズム、タイミングを崩さないように、最小限の動きで行おう。

やり方

ローリングと右手のフィニッシュ動作に合わせて顔を横に向けて呼吸。リカバリーで腕を前に戻す動きに合わせて顔を戻していく。リカバリーしている手が入水するよりも先に、顔を戻すように心がける。呼吸するときは片方のゴーグルが見えるくらいの最小限の動作で行う。

頭の頂点から1本の串が
通ったようなイメージで

ポイント

軸をぶらさず串団子のイメージで

顔を横に向けるとき、軸がぶれないように注意。頭の中心に棒が刺さっているようなイメージ（串団子をイメージ）で、その棒を中心に頭を横に回転させる。頭を持ち上げるのではなく、

顔を横に向ける動きで行おう。また、呼吸したときにグライドしている側の腕が下に落ちて、体が沈まないように気をつける。

腕よりも頭を先行して戻す

クロール（自由形）

背泳ぎ

平泳ぎ

バタフライ

スタート＆引き継ぎ

補強＆筋トレ

チームビルディング

トレーニング計画＆メニュー

アドバイス

腕よりも顔を先に戻そう

呼吸をした後は、腕が入水するよりも先に顔を戻すようにすると、最小限の動きで泳ぎの邪魔をしない呼吸ができるようになる。

キャッチアップを軸に
タイミングを合わせる

本数
適宜（基本として常に意識）

目的

体重を前にのせるイメージを持ちやすい

キャッチアップ*のほうが前に体重をのせるイメージを持ちやすく、左右を切り替えるタイミングもわかりやすく泳ぎやすい。

やり方

手をかき始めるタイミングはリカバリー動作をしている反対側の腕の肘が最も高い位置にきたときくらいである。写真のように左手が入水する前に、右手がストロークの動作に入るのがキャッチアップの左右の切り替えタイミング。ローリング動作があるため体重ものりやすい。両手が前で揃わないことにも注意する。水中で行うことをわかりやすく示すために陸上の写真を用いている。

軸が左右にぶれないように注意する

★リカバリーしてきた手が入水する直前まで、もう一方の手を前に伸ばしたままにしておく泳ぎ方

クロール（自由形）

背泳ぎ

平泳ぎ

バタフライ

スタート＆引き継ぎ

補強＆筋トレ

チームビルディング

トレーニング計画＆メニュー

軸をぶらさず切り替えできる

キャッチアップのタイミングで左右を切り替えるほうが軸がぶれにくく、体重移動の感覚もつかみやすい。そのため、泳ぎの基礎を覚えるのに最適だ。

推進力を効率よく生かそう

キャッチアップは伸びている時間が長く、ストロークで得た推進力を効率よく生かすことができる中長距離向けの泳ぎ方だ。

オールでこぐような方法は注意が必要

入水してから手を伸ばさず、すぐにキャッチをしてかき始めるような、オールを使ってこぐようなタイミングの取り方は、ストロークの回転が上がりやすくスピードを出しやすくなる。だが、疲れやすいし、体幹が安定していないと軸がぶれやすくなってしまう。どちらかといえば、短距離向けの泳ぎである。

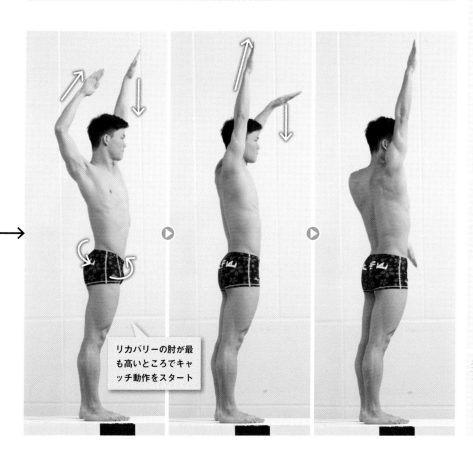

リカバリーの肘が最も高いところでキャッチ動作をスタート

よりポイントに集中できる片手ドリル

本数
25m×8本

目的　習得したいポイントに集中する

片手だけでストロークすると、体が安定するのでストロークの動きだけに集中しやすくなる。入水とキックを合わせたり、ローリングのタイミング、キャッチの動きなど、自分が習得したいポイントに集中して取り組んでみよう。

やり方

片方の腕を前に伸ばしたまま、もう片方の腕だけでストロークを行う。キックや呼吸はコンビネーションと同じように行う。フィンやシュノーケルを使って行うのもよい。

片方の手は真っすぐ前に伸ばす

ストロークしているほうの手は入水したら、伸ばしている手よりも前に出そう

呼吸するときの頭の位置も気をつけて行おう

自分の課題に絞ってトライ

たとえば全部で8本行うなら、最初の2本は
キャッチ動作、次の2本はキックとのタイミング、
次の2本は呼吸の動き、最後の2本は体幹を使っ
て水を捉える動き、というように、自分が取り組
みたいポイントに絞って練習しよう。シュノーケ
ルをつけて呼吸の動作を省略しながら行ったり、
ストロークする反対側の腕は体側に据えたりとさ
まざまな形で取り組んでみよう。片手スイム中に
スカーリング*などを入れるのもよい。

バランスに気をつけて

必ず左右バランスよく行おう。片方
だけが多くなるとバランスが悪くな
るので気をつけよう。

腰の位置に注意して

＊8の字を描くように手を動かして水を捉えるテクニック

自由形はすべての基本

　クロールのスピード、体力をつけることは、ほかの泳法にもよい影響を与えます。さらに、キック（バタ足）は脚を動かす回数が多くなるため、心肺機能を鍛えるトレーニングとしても効果を発揮します。だからこそ、水泳の基礎ともいえる泳ぎ方なのです。

　それらを踏まえて、下記のポイントに重点を置いて指導しています。

❶**キック中心の泳ぎを心がける**
❷**軸を安定させてブレを小さくする**
❸**高いボディポジションを意識する**

　❶は限られた練習時間すべてを余すところなく強化に結びつけるために、キックを中心とした泳ぎで心肺機能を鍛え続けられるよう指導しています。

　❷は、泳ぎの効率を上げることが目的です。軸がぶれると抵抗が大きくなり、ムダな動きが増えるばかりか、体に負担がかかる泳ぎになります。心肺機能に負荷をかけてもよいですが、故障につながる関節などには負担はかけたくありません。そのためのポイントになるのが、軸の安定というわけです。

　そして、クロールでキックを中心に泳ぐと下半身がしっかりと浮き、高いボディポジションで泳ぐことができます。それが❸です。

　このように、クロールはすべての基礎となる泳ぎであり、トレーニングの要でもあるのです。そして、基礎固めに重きを置いている私たちですから、クロールという基礎をしっかりとつくり上げるところから練習が始まるといっても過言ではありません。皆さんも、クロールの基礎固めを行っていきましょう！

クロールはすべての泳ぎの基本であり、トレーニングの要でもある

第2章

背泳ぎ

背泳ぎを速く、きれいに泳ぐためのコツは、ボディポジション。
下半身を沈めない姿勢とキックを覚えることから始めよう。
体を安定させられたら、キャッチ、ローリング、ストロークといった
テクニック習得に取り組もう。

日大豊山流 背泳ぎのポイント

 ## ボディポジションを高く保つ

水面に対してフラットな姿勢をつくるために脚の裏全体で水を捉えるダウンキックを意識して行い、腰を高く保ち続けよう。クロールと同じように腰に力を入れるが、背泳ぎは腰を反りすぎると腰が落ち込んでしまう。

 ## ローリングを行い、腰を先導させる

左手が入水してからキャッチをするときに、腰の左側を軽く上げる（右側を下げる）イメージを持って動きを先導させることで、体幹の力を使ったストロークが可能になる。

 ## キャッチ動作とキックを合わせる

左手でキャッチする（肘を立てる）とき、左脚でアップキックをするか、右脚でダウンキックをするタイミングを合わせよう。そうすると腰を先導させて動かしやすくなる。左手がキャッチをするときは、右手がリカバリー動作に入ったくらいのタイミングである。

 ## あごは引きすぎないように

顔は真上を向いた状態から、目線を斜め下45度くらいに下げて、軽くあごを引く程度に収める。頭を持ち上げるくらいあごを引いてしまうと腰が沈みやすく、肩まわりのムダな力みにもつながるので気をつけよう。

 ## キャッチはなるべく高いところで行う

高い位置で水をつかむことができれば、より多くの水を後ろに押し出せる。

 ## キックは足の指先ではなく甲の面で押し出す

背泳ぎのキックは体よりも脚が前に出すぎないようにし、足の甲の面で水を押すイメージを持つ。

泳ぎのイメージ

水上から

水中から

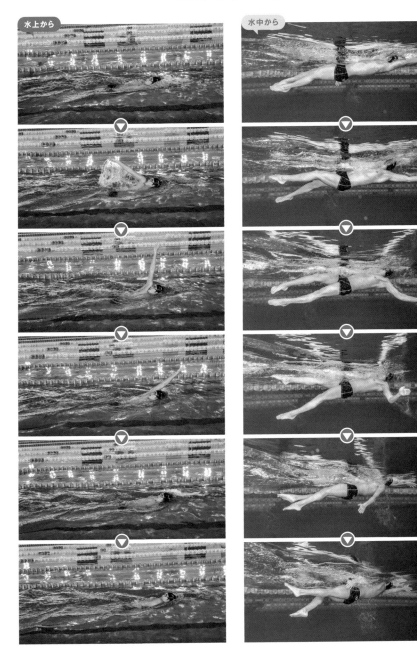

クロール（自由形）

背泳ぎ

平泳ぎ

バタフライ

スタート＆引き継ぎ

補強＆筋トレ

チームビルディング

トレーニング計画＆メニュー

脚全体で水を捉える

本数
適宜（基本として常に意識）

目的　下半身を浮かせられる キックの打ち方を知る

下に向かって打つダウンキックで水をしっかり押さえられると、下半身が浮いてくる。太ももから脚を下ろし、水を後ろに押し出そう。

やり方

膝を伸ばしたままでダウンキックをするのがポイント。脚の裏側全体で水を押し、蹴り上げる（アップキック）ときには、脚の付け根や腸腰筋を使って行おう。体の前まで大きく蹴ってしまうと体が沈んでしまう。

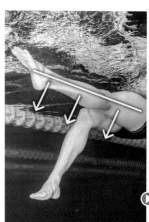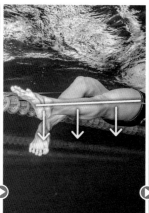

脚の裏全体で水を押さえるようなイメージで

ポイント

体幹を使ってキックをしよう

背泳ぎもクロールと同様に、体幹に力が入っている状態から脚全体で水を捉えるキックが打てるようになると軸が安定しやすく、高いボディポジションをキープしやすくなる。ダウンキックがうまくできるようになると、アップキックもスムーズにできるようになる。内転筋も意識してみよう。

ダウンキックは脚を真
っすぐにして行おう

アップキック
時の膝は曲げ
すぎない

足先が水面に出すぎ
ないようにしよう

クロール（自由形）

背泳ぎ

平泳ぎ

バタフライ

スタート＆引き継ぎ

補強＆筋トレ

チームビルディング

トレーニング計画＆メニュー

 ポイント

膝は必要以上に曲げない

アップキック時も、膝が曲がりすぎ
ないように注意しよう。キックは、
脚の付け根の腸腰筋を使って上下さ
せる意識を持つとよい。

 アドバイス

ダウンキックが使えるとボディポジションが高くなる

脚の裏全体で水を押さえられるダウ
ンキックが身につくと、腰の位置が
水面近くでキープできるようになり、
ボディポジションを高く保てるよう
になる。

アドバイス

背泳ぎのアップキックは体より前に出さない

クロールと背泳ぎのキックは異なる。
クロールのキックは脚が体の前に出
やすいが、背泳ぎのキックは股関節
を伸ばして戻すだけの動きで、"体
よりも脚が前に出ない"ほうがよい。
そのため、蹴り幅も小さくなりやす
い。さらに、自由形は足の指先で水
を押すイメージだが、背泳ぎの場合
は"足の甲"の面で水を押すイメー
ジが大切。面で当てる時間を長くす
るイメージを持とう。

フィンを使って 水を捉える感覚をつくる

キーワード
▶ キック
▶ お尻
▶ ハムストリングス
▶ 腸腰筋

本数
25m×4本

目的

キックの動きと感覚づくり

キックの動きを自分の目で見て確認することで、脚の付け根から動かすキック動作ができているかどうかをチェック。さらに、フィンをつけることで水を捉える量を増やし、感覚を養うことも大事なポイント。

やり方

フィンをつけて、ゆっくりと背泳ぎのキックの動きを行う。上半身は手をかくこと（スカーリング）で安定させながら行うと、ゆっくりできるので動きを確認しやすくなる。慣れてきたら、スカーリングをせずにキックの力だけで浮けるようにしよう。

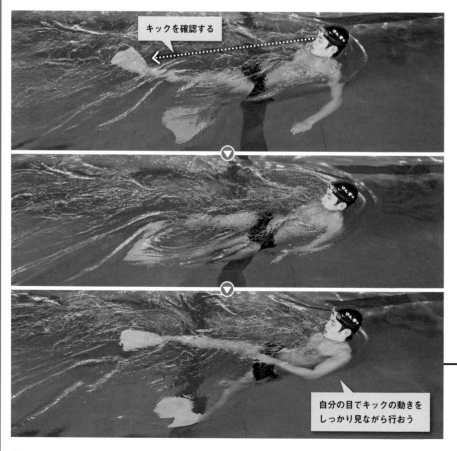

キックを確認する

自分の目でキックの動きをしっかり見ながら行おう

クロール（自由形）

背泳ぎ

平泳ぎ

バタフライ

スタート＆引き継ぎ

補強＆筋トレ

チームビルディング

トレーニング計画＆
メニュー

蹴り上げ時に
水を捉えているかチェック

フィンをつけていることで、普段よりもたくさんの水を足で捉えられるはず。膝を曲げすぎず、脚の付け根や腸腰筋を使ってアップキックをする感覚をつくろう。

ダウンキックで
膝が曲がらないように

アップキックばかり意識していると、ダウンキックがおろそかになりやすい。膝の裏から蹴り下げるように意識して、脚の裏全体で水を捉える感覚を養おう。

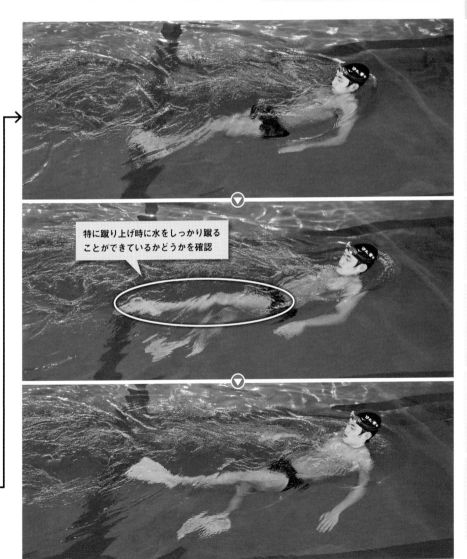

特に蹴り上げ時に水をしっかり蹴ることができているかどうかを確認

腰から動かしてキャッチと
ストロークにつなげる

目的 ローリングを使って
捉えた水を力強く押し出す

ローリングの動きにキャッチとストローク動作を合わせることで、体幹の力を使い、力強いプル動作ができるようになる。

やり方

クロールのローリングと同じように腰から行う。強い力を発揮するだけではなく、体重をうまくのせることもできる。腰の動きにプル動作がついてくる、というイメージで行おう。

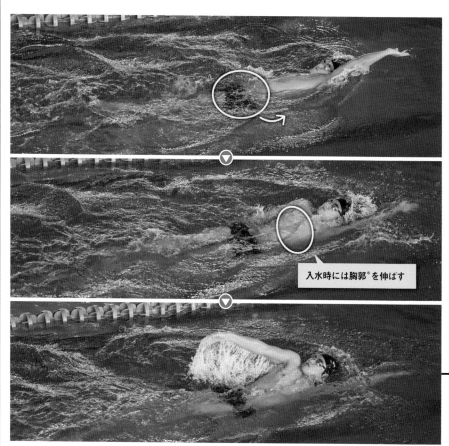

入水時には胸郭*を伸ばす

＊12個の胸椎、12対の肋骨、1個の胸骨から構成される、胸にある籠状の骨格

クロール（自由形）

背泳ぎ

平泳ぎ

バタフライ

スタート＆引き継ぎ

補強＆筋トレ

チームビルディング

トレーニング計画＆メニュー

胸郭を伸ばすことで
ローリングの動きに腕を
合わせやすくなる

肩甲骨を挙上させながら胸郭を伸ばして入水することで、腰を先導させるローリングの動きに合わせてキャッチ動作を行えるようになる。そうすれば、その後のストロークもローリングと連動して行えるようになる。

やや深いところの水を
キャッチしよう

水面近くの水は動き（流れ）があるのでキャッチしても逃げやすいのだが、深いところは水の動きが少なく、水をたくさん捉えやすくなる。ローリングをすることでキャッチ時にやや深いところの水を捉えられ、効率よく高い推進力を生み出せる。ただし、深くなりすぎないように入水したらできるだけ素早くキャッチしよう。

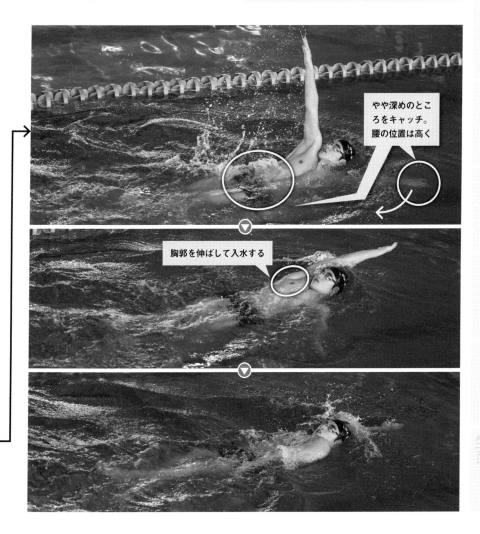

やや深めのところをキャッチ。腰の位置は高く

胸郭を伸ばして入水する

腰を先導させることで力強く水を捉える

目的

腰の力を使って力強いキャッチをする

体幹（腰）の力を使うキャッチ動作を覚えることで、腕だけの力よりもはるかに力強く水を捉えることができる。

やり方

段差のあるところを使い、パートナーに手と肘を支えてもらい、入水時の形をつくる。そこから腰を先導させてキャッチ、プルまでの動きを繰り返し行う。前足の膝は軽く曲げよう。

腰の力を使って
水を捉えて引っ
張るイメージ

クロール（自由形）

背泳ぎ

平泳ぎ

バタフライ

スタート＆引き継ぎ

補強＆筋トレ

チームビルディング

トレーニング計画＆
メニュー

ポイント

腰で腕を引っ張る
イメージを持つ

キャッチ動作で肘を立てる瞬間に腰を
先にローリングさせて、その動きに合
わせて肘を立てる動作をしてみよう。
腕や肩だけの力で行うよりも力が入り
やすいことがわかるはずだ。

アドバイス

パートナーは
理想のキャッチの
形をつくるサポートを

手を支えるパートナーは、キャッチの
動きをする際に、肘を立てることと手
の平を後ろ（下）に向ける動きをつく
るサポートをしてあげよう。

49

キーワード
▶ 入水
▶ キャッチ
▶ 肘、小指
▶ 肩甲骨

本数
適宜（基本として常に意識）

入水からキャッチまでの動きをつくろう

目的　キャッチで
たくさんの水を捉える

ムダなくスムーズな動きで水を捉えられるキャッチをするための、入水の方法を学ぶ。入水したときに泡が立たないように気をつけよう。

やり方

腕を真上にして戻すと、キャッチ動作がやりづらくなる。少し開き気味で入水するところから、少しずつ高いところでキャッチができるようになろう。

すぐにキャッチ動作に移行
できるような入水をしよう

ポイント

脇を広げたまま肘が
進行方向へ向くように返す

脇を広げたまま（腕を進行方向に伸ばしたまま）、肘を外に出すような動きをしてみよう。すると、自然と背泳ぎのキャッチの形になりやすい。キャッチのときに肘が進む先を向いている形が望ましい。可動域も個人差があり、真上すぎると肩が痛みやすくなることもあるので気をつける。肘の前側が足の方向に向いている程度でもよい。

アドバイス

入水は小指からでも
親指からでもOK

入水は親指からでも、小指からでもよい。なるべく高い位置でキャッチすること、そして入水したらすぐにキャッチすることが大切だ。

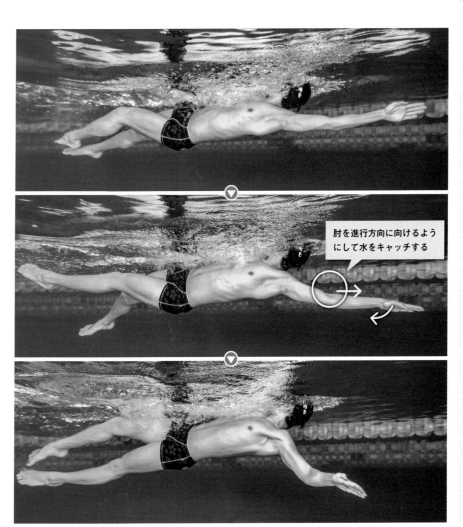

肘を進行方向に向けるようにして水をキャッチする

キャッチで捉えた水を後ろに押し出すストローク

本数
適宜（基本として常に意識）

目的

全身を使ったストロークを覚える

腕の力だけを使ったストロークではなく、体の動きも利用した効率のよいストロークの方法を覚える。

やり方

手を先行させて泳ぐのではなく、体を左右に傾けるローリングの動きに合わせて、腕を動かすようにストロークする。

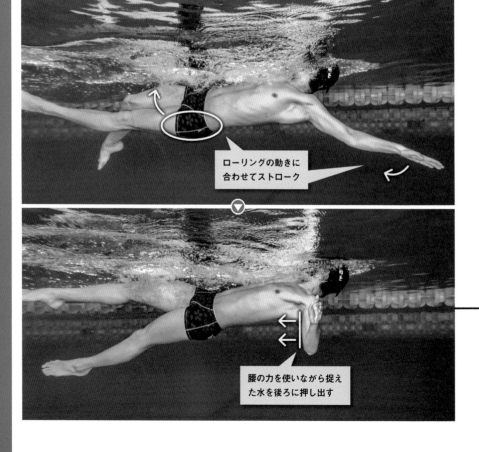

ローリングの動きに合わせてストローク

腰の力を使いながら捉えた水を後ろに押し出す

ポイント

遠くの水をかくイメージで

肘を立ててキャッチをしたら、ローリングの動きに合わせて、肘の角度を変えずにストロークしよう。体から少し遠く、浅い場所をかくイメージを持つとよい。

アドバイス

プルの段階ではまだ脇は締めない

キャッチ後にすぐ脇を締めてしまうと肘を引いてしまうことになり、せっかくキャッチで捉えた水を逃がしてしまう。手が体の横にくる段階では、まだ脇は締めないのもポイントだ。

ポイント

体幹を使えると肩甲骨の下あたりが疲れやすくなる

腕の力ばかり使ったストロークでは肩や腕が疲れるが、ローリング動作に合わせて体幹の力を使うことができていれば、肩甲骨の下あたりが疲れやすくなる。よいストロークができているかどうかの判断ポイントに使おう。

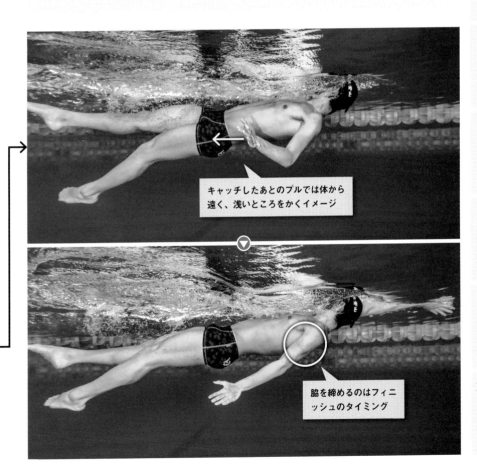

キャッチしたあとのプルでは体から遠く、浅いところをかくイメージ

脇を締めるのはフィニッシュのタイミング

クロール（自由形）

背泳ぎ

平泳ぎ

バタフライ

スタート＆引き継ぎ

補強＆筋トレ

チームビルディング

トレーニング計画＆メニュー

手の平を後ろに向けたまま三頭筋を使って水を押す

本数
適宜（基本として常に意識）

目的

水を逃がさないフィニッシュ動作を覚える

手の平の向きを後ろに向けたままフィニッシュすることで、きちんと最後まで水を押し切ることができる。

やり方

ローリングをしながらストロークをしていくと、自然と脇が狭くなっていく。そうなったら、フィニッシュ動作に入ろう。

水中で

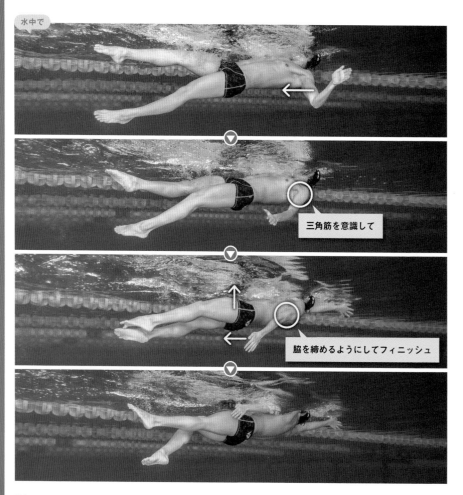

三角筋を意識して

脇を締めるようにしてフィニッシュ

手の平は後ろを向けて
水を押す

手の平を下（プールの底）に向けたり、
太もものほうに向けたりすると、水を逃
がしてしまう。手の平は後ろを向けたま
ま、最後は上腕三頭筋を使ってフィニッ
シュ動作をしよう。

リカバリー動作は
親指から行おう

手の平を後ろに向けたままフィニッ
シュできれば、親指は水面側にあるは
ず。そのまま、親指の付け根から腕を
持ち上げれば、スムーズにリカバリー
動作に入れる。

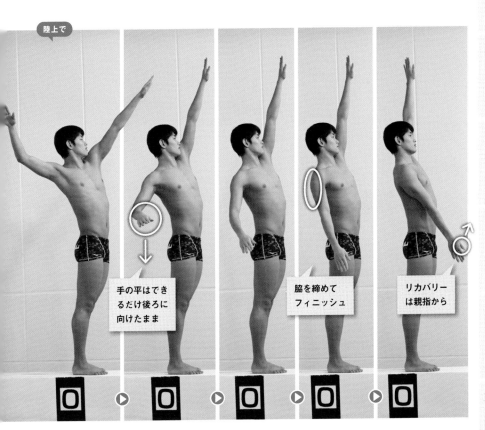

陸上で

手の平はできるだけ後ろに向けたまま

脇を締めてフィニッシュ

リカバリーは親指から

クロール（自由形）
背泳ぎ
平泳ぎ
バタフライ
スタート＆引き継ぎ
補強＆筋トレ
チームビルディング
トレーニング計画＆メニュー

入水とフィニッシュのタイミング合わせる

キーワード
▶ リカバリー
▶ 入水、フィニッシュ
▶ キャッチ、リカバリー
▶ タイミング

本数
適宜（基本として常に意識）

目的

泳ぎのリズムをつくり上げる

入水とフィニッシュのタイミングを合わせることで泳ぎのリズムをつくると、ストロークとキックのタイミングも合わせやすくなるので、ムダのないスムーズな泳ぎができる。

やり方

背泳ぎのタイミングのポイントは2つ。1つは、入水とフィニッシュのタイミングを合わせること。もう1つは、キャッチとリカバリーを合わせること。タイミングの合わせ方は人それぞれなので、自分で合わせやすい動きを意識しよう。

　ポイント

タイミングの合わせ方は人それぞれでOK

❶入水とフィニッシュ（左手がフィニッシュであれば右脚のダウンキック）（写真②）
❷キャッチとリカバリー（左手がキャッチならば右脚のダウンキック）（写真④）
（写真④：右脚のダウンキック＝左脚のアップキックというイメージでよい）

①

クロール（自由形）

背泳ぎ

平泳ぎ

バタフライ

スタート＆引き継ぎ

補強＆筋トレ

チームビルディング

トレーニング計画＆メニュー

ポイント

入水とフィニッシュを合わせる

リカバリーをしてきて入水するタイミングと、反対の手で行っているストロークのフィニッシュを合わせよう。そうすることで、左右のローリングの切り替えがスムーズになり、泳ぎのリズムもつくりやすくなる。

アドバイス

左手のキャッチと
右脚のダウンキックを打つ

入水する手とは反対の脚のダウンキックを合わせることで、腰を浮き上がらせてボディポジションを高く保つことができる効果もある。アップキックを意識する場合は、キャッチをする手と同じ側のキックを打つ

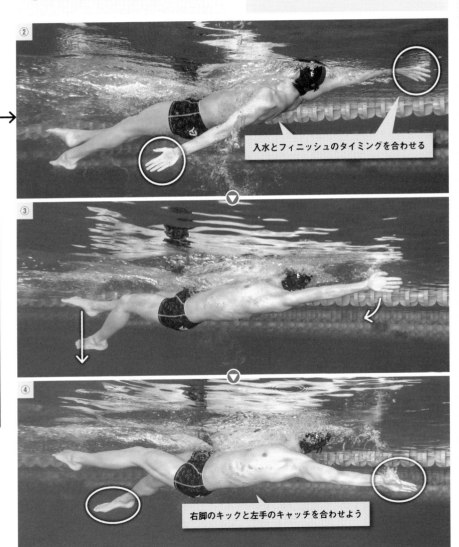

② 入水とフィニッシュのタイミングを合わせる

③

④ 右脚のキックと左手のキャッチを合わせよう

泳ぎの基礎づくりのための片手ドリル

キーワード
▶ タイミング
▶ 腰
▶ ストローク
▶ キック

本数
25m×8本

目的

練習したいところを練習する

片手ドリルは体が安定するので、自分が練習したいポイントに集中して練習を行うことができる。自分が取り組みたいことを決めて行うのが大事なポイントだ。

やり方

片腕を体側につけた状態で、もう片方の腕でストロークをする。トレーニングする際は、1回ずつ左右を入れ替えて行おう。フィンを使うことでボディポジションをキープしやすく、軸も安定しやすい。

ポイント

練習したいポイントを絞る

入水とキックのタイミングを合わせる、キャッチ時に腰を先行させる、高いところの水を捉えるなど、自分が習得したい、修正したいポイントを絞って、そこに意識を集中させて行うのが大事だ。

アドバイス

体幹の動きを意識しやすいドリル

片腕を体側につけるやり方は、腰から動かすローリングを意識しやすい。特に腰を先導させてキャッチからストロークを行う動きを練習するときに使うのがおすすめだ。

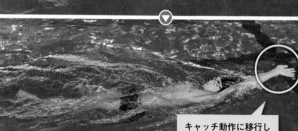

キャッチ動作に移行しやすい入水を心がけて

ストロークしないほうの腕は体側につけておく。ローリング動作は行おう

肘の向きを意識しながらキャッチ

親指からスムーズにリカバリーへ移行する

クロール（自由形）

背泳ぎ

平泳ぎ

バタフライ

スタート＆引き継ぎ

補強＆筋トレ

チームビルディング

トレーニング計画＆メニュー

背泳ぎはクロールと
似ているようで別の泳ぎ

　背泳ぎは自由形の反対を向いて泳ぐ、だけではありません。キックの打ち方からストロークのポイント、ローリングの形、背泳ぎに適した姿勢づくり……。クロールと似ているようで似ていないのが、背泳ぎという泳ぎ方です。

　特に、キックの打ち方は重要なポイントです。あお向けの状態だと下半身が沈みやすく、下半身が沈むと前面から大きな水の抵抗を受けてしまいます。下半身を浮かせるためには、ダウンキックの打ち方がとても大切です。ただ、ダウンキックといっても、うつ伏せとあお向けの違いから、水を捉える場所がクロールとは異なります。

　クロールでは足の指先までを使って水を蹴り下ろす打ち方でしたが、背泳ぎでは反対に脚の裏側である、ハムストリングスやふくらはぎ、足の裏、膝裏で水を捉える（もしくは後ろに押し出す）キックの打ち方になります。クロールでいうところの、アップキックで使う場所ですね。この背泳ぎにおけるダウンキックの脚の使い方、脚の裏全体で水を捉える感覚を大事に練習していきましょう。

　ストロークのポイントは、体の後ろ側に腕を持っていかないこと。背中側に腕を持っていってストロークすると、肩に負担がかかって故障につながります。腕が背中側にいかないストロークをするには、ローリングが必要です。体をうまく使いながら、関節に負担のかけない、効率のよいストロークを身につけていきましょう。

脚の裏側で水を捉えるのが、背泳ぎのクロールとの大きな違いだ

第3章

平泳ぎ

4種目の中で、水の抵抗に最も影響されてしまうのが平泳ぎ。
まずは、抵抗の少ない姿勢を身につけるところがスタートだ。
そして、プルよりもキックをメインに考えて泳ぎを組み立てていこう。

日大豊山流 平泳ぎのポイント

 ## 平泳ぎの基本はストリームライン

平泳ぎで最も進むのがストリームラインの姿勢を取っているときである。真っすぐで水の抵抗を受けないストリームラインの姿勢をどれだけ長くつくれて、どれだけ速くストリームラインの姿勢に戻せるのかが大切である。

 ## 平泳ぎは特にキックが重要である

平泳ぎはプルよりもキックのほうが推進力を生み出す。キックを打った後のストリームラインでどれだけ進めるのかが重要であるため、キックの邪魔にならないようなプル動作を意識する。特に上半身のかき込みからリカバリーに移るときに動きが止まらないように注意する。

 ## 体重移動をうまく使う

体重移動やキックのタイミングが少しズレるだけで、泳ぎやタイムが大きく変わるのも平泳ぎの特徴である。体重移動は、"浅く前に" という意識で行い、高いボディポジションをキープしながら泳ぐように心がけよう。

 ## 力まない

肩に力が入ったり、少し力んでしまったりするだけで泳ぎが崩れたり疲れやすくなったりする。繊細な種目でもあるため、力みすぎないようにしよう。

 ## 常に抵抗を小さくするように意識する

抵抗を減らすことを常に意識しよう。高いボディポジションをキープしつつ、常に小さな "輪っか" をくぐっているようなイメージを持つとよい。

 ## 呼吸はあごや目線が上がりすぎないように

あごや目線が上がってしまうと体が沈みやすくなる。呼吸動作のときは、あごを軽く引き、目線はリカバリーする手を追いかけるくらいで。

泳ぎのイメージ

水上から　　**水中から**

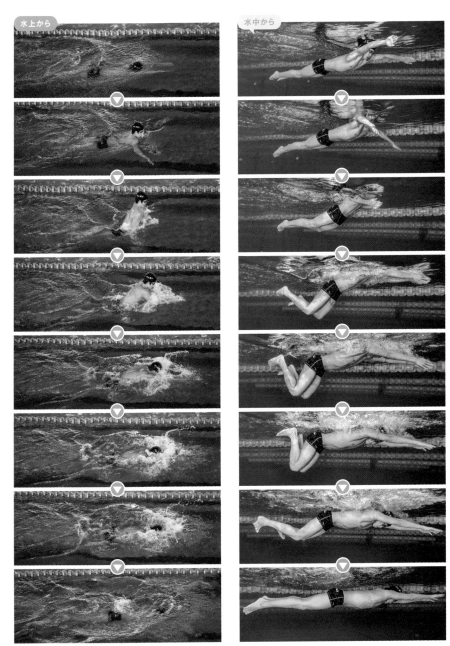

ストリームラインの姿勢のつくり方を学ぶ

本数
適宜（基本として常に意識）

目的　真っすぐなストリームラインの姿勢をつくる

ストリームライン時に最も進む平泳ぎにおいて、抵抗の少ない姿勢を意識したストリームラインをつくることは非常に重要。陸上で正しいストリームライン姿勢を身につけてから、水中でもできるようにしよう。

やり方

腕を絞り、あごは軽く引く。おへその下あたりを軽くへこませるようにして腹圧を入れ、お尻もしっかり締めて真っすぐに伸ばす。股関節を伸ばしてつま先までピンと伸ばす意識を持とう。

ポイント

手は重ねるよりも両手の親指をつける

手を重ねるとストリームラインとしてはよいかもしれないが、泳ぐ際には次の動作に入るために手を離す必要があり、ワンテンポ遅れてしまう。両手の親指をつけ、65ページの写真のように正面から見てVの字をつくるのが日大豊山式のストリームライン姿勢だ。

アドバイス

平泳ぎはストリームラインが基本の形

常に小さな輪をくぐるようなイメージを持って泳ぐことで、抵抗の少ないストリームラインをつくれるようになる。

アドバイス

腰が沈まないように気をつけよう

真っすぐな姿勢をつくっても、腰が沈むと前面から抵抗を受ける。しっかりと腹圧を入れ、お尻を締めることで水面近くで腰の位置をキープしておこう。

上から

正面から

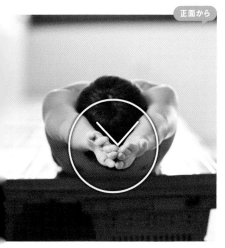

水中から

水面と平行になるような真っすぐな姿勢づくりが何よりも大切

動きに連動させ 脚を引きつけて押し出す

本数
適宜（基本として常に意識）

目的

抵抗の少ない動きと 高い推進力を生み出すキックを覚える

腰やお尻が高い位置でキックをすることで、抵抗を減らすことができる。そのためには、膝からすねを引きつけるのではなく、泳ぎの動作に連動させて股関節から脚を引きつけなければならない。そして蹴り出す形をつくった後は、膝から足先までの内側で水を捉えて水を押し出すようにする。

やり方

水の抵抗を減らすように引きつけた後は、蹴り出すときに足首が180度であることに加え、力が抜けている状態が望ましい。キックの終わりのところで足首を返して、足の裏で水を押しながら足を揃える。

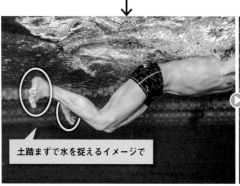

土踏まずで水を捉えるイメージで

❶内転筋を意識して
　お尻を沈ませない

股関節を意識するあまり、引きつけるときに
お尻が下がりやすくなる。そんなときは脚の
内側の筋肉（内転筋）を使うイメージを持つ
と、お尻（脚の付け根）が締まってお尻が沈
みにくくなるのでやってみよう。

❷キックの最後は
　ピタッと脚を閉じる

水をしっかり押し出した後、キックの最後は
脚を閉じよう。ここで脚が開いていると最後
の"もうひと押し"がなくなるのと、水の抵
抗も増やしてしまうので注意しよう。

❶引きつける意識を
　あまり持たない

動きに連動させて、股関節、ハムスト
リングス、お尻を意識しながら腰やお
尻が下がらないように引きつける。

❷土踏まずを
　意識してみよう

足の裏の土踏まずの部分を意識して蹴
り出すと、水が足の裏でも捉えられる
キックができる。

お尻を沈めないよ
うに気をつける

蹴り終わりは両脚を
ピタッとつけること

"止まる"瞬間をつくらないキックを身につけよう

本数
25m×8本

目的

抵抗の少ない引きつけ動作を学ぶ

足の引きつけ動作をしたときに、水の抵抗を大きく受ける動きをしていると、急ブレーキがかかってしまう。そうならないような引きつけ動作を身につけよう。

やり方

ビート板を持って平泳ぎのキックをするだけ。ただし、引きつけ時に体が止まらないように意識して行おう。腰も沈まないように意識しよう。

蹴り終わった後の両足が揃っている姿勢を"Oポジション"と考えて、いかに速くこの形に戻せるかを意識してキック動作を行うとよい。基本の形は、足を閉じて伸びているこの形だ

クロール（自由形）

背泳ぎ

平泳ぎ

バタフライ

スタート&
引き継ぎ

補強&筋トレ

チームビルディング

トレーニング計画&
メニュー

股関節の使い方と足の向きに注意

引きつけ時に抵抗が大きくなる要因は、股関節を使うときに膝から引きつける動作をしているか、つま先が先行して、つま先が横を向きながら引きつけているかのどちらかが多い。自分の足の動きがそうなっていないかチェックしながら行おう。

止まらずに
進み続ける感覚で

速い動きをするとその分抵抗が大きくなる。最初はゆっくり丁寧に、股関節を使って足を引きつけて、止まらないで進み続けている、という感覚を意識しながら行ってみよう。

脚を引きつけたときも
止まらないよう意識する

引きつけるときのポイント

膝や太もも前から引きつけることで、腰やお尻が下がって抵抗が大きくなりやすい。蹴り出すための引きつけであるため、引きつけるという意識をあまり持たないようにする。そして、引きつけ動作のときに足首に力を入れないようにしよう。

キーワード
▶ ストリームライン
▶ キック
▶ あご
▶ 腰

抵抗のない姿勢で
キックの推進力を体感する

本数
25m×8本

目的

キックの推進力を
最大限に生かす姿勢を学ぶ

キックの推進力を最大限に生かせる抵抗の少ないストリームラインの姿勢のつくり方を体感し、学ぶ。

やり方

日大豊山式のストリームラインの姿勢をつくった状態でキックを打つ。シュノーケルをつけるとキックの動きと姿勢だけに集中できるので活用してみよう。

手はV字で行おう

ポイント

あごの向きに
気をつける

あごが前に出ている（前を向く）とお腹が抜けて腰が落ち、さらに膝が前に出て引きつけ動作で水の抵抗を大きく受ける。あごは軽く引き、水面と並行に真っすぐな姿勢になるよう心がけよう。

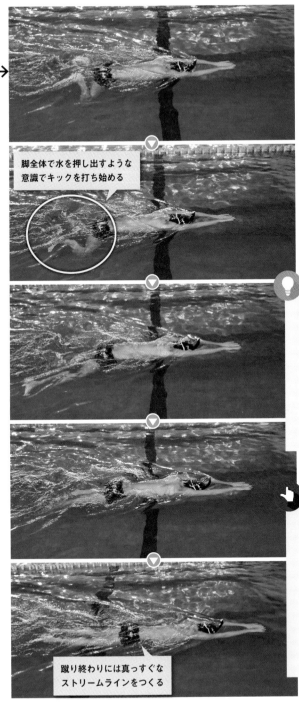

クロール（自由形）

背泳ぎ

平泳ぎ

バタフライ

スタート＆
引き継ぎ

補強＆筋トレ

チームビルディング

トレーニング計画＆
メニュー

脚全体で水を押し出すような
意識でキックを打ち始める

ポイント

蹴り出すときの
ポイント

お尻やハムストリングスを意識
する。"蹴り出す"という意識
よりも"押し出す"という意識
で行おう。また、蹴り出すとき
は足の向きや水が引っかかりや
すい角度や位置に気をつける。

アドバイス

キックだけではなく
姿勢にも注意を払う

キックによって進むとき、真っ
すぐなストリームラインの姿勢
がつくれるから、たくさん進む
ことができる。キックで水を捉
える感覚をつくることもそうだ
が、姿勢にも注意を払って行お
う。

蹴り終わりには真っすぐな
ストリームラインをつくる

71

▶ キック
▶ 股関節
▶ かかと
▶ 押し出す

キーワード

片脚だけでキックを打って水を捉える感覚を養う

本数
25m×8本

目的 膝下で水を捉える感覚をつくる

片脚だけでも水を膝から下、足の裏を使ってしっかり捉えられる動きができているかどうかをチェックするドリル。

やり方

ストリームラインの姿勢で、片脚だけでキックを打つ。左右交互に行う片脚キックを入れるのもよい。

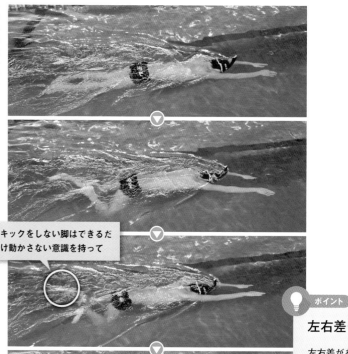

キックをしない脚はできるだけ動かさない意識を持って

ポイント

左右差も確認する

左右差があることは当たり前。だからこそ、左右のキックで感覚に違いがあるかどうかの確認も行おう。違いがあれば、両脚で同じ感覚、同じ強さでキックができるように練習していこう。

水の抵抗を受けない
キックを身につける

本数
25m×8本

目的 **抵抗を減らす**
引きつけ動作を覚える

膝や太もも前から引きつけるのではなく、水の抵抗を少なくするような引きつけ動作を覚える。股関節、ハムストリングス、お尻を意識する。

やり方

あお向けで脚を引きつけたとき、膝が水面から出ないようにすることで、太ももで水の抵抗を受けないキック動作を身につける。背面だけでなく、気をつけの姿勢でうつ伏せキックをまぜるのもよい。

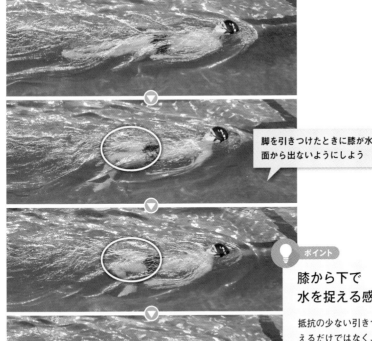

脚を引きつけたときに膝が水面から出ないようにしよう

ポイント

膝から下で
水を捉える感覚も養う

抵抗の少ない引きつけ動作を覚えるだけではなく、膝下で水を捉える感覚や蹴り出しの形づくりにも使えるドリルである。引きつけたときに体が沈まないように気をつけよう。

クロール（自由形）

背泳ぎ

平泳ぎ

バタフライ

スタート＆
引き継ぎ

補強＆筋トレ

チームビルディング

トレーニング計画＆
メニュー

斜め下にかくイメージで アウトスイープを行う

本数
適宜（基本として常に意識）

目的

水を捉えられるキャッチの"準備"

アウトスイープ（手を外側に向けて動かす動作）をしながら、腕全体で水を捉えてキャッチの準備をする。肩甲骨を使って腕を広げながら水を押さえる意識を持って行おう。

やり方

ストリームラインの状態から、肩甲骨を使って腕全体で水を捉えるようなイメージで、腕を広げる。小指が上を向いているようにする。

❶キャッチのための アウトスイープ

アウトスイープは真横に手を広げるのではなく、肩甲骨を使って腕を前に伸ばしながら、斜め前の遠くの水を捉えにいくようなイメージで行おう。あくまでキャッチのための動作であるため、腕が広がりすぎないようにして、水を捉えながらスムーズにキャッチ動作を行う。

❷斜め下に水を 押さえるイメージ

上半身を支えるようなイメージを持って、アウトスイープではほんの少し、斜め下に水を押さえるようにイメージして行うと体が安定し、水を捉えられているように感じる。肘が落ちないように小指を上に向けたまま行う。腕がきつい人は真横にしたり、斜め上にしたりして、自分のやりやすい形を見つけよう。

頭は動かさない

アウトスイープ時に頭を動かしてしまうと姿勢が崩れ、腰が落ちて抵抗を大きく受けてしまう。あごは軽く引いたまま、真っすぐなストリームラインの姿勢を維持することを意識しておこう。

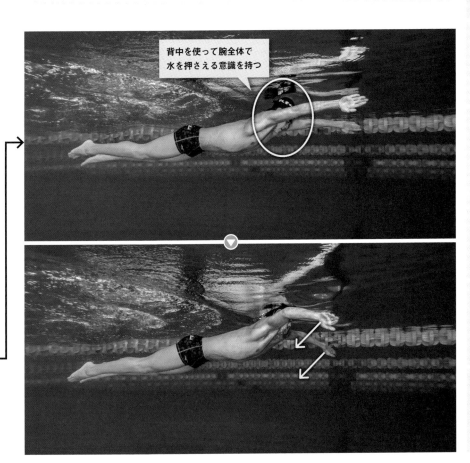

背中を使って腕全体で水を押さえる意識を持つ

腕の内旋動作を使って肘を立てて水を捉えよう

本数
適宜（基本として常に意識）

目的

たくさんの水を捉えられるキャッチ

効率よく推進力を生み出すために、水をしっかり捉えられる腕の使い方を学ぶ。

やり方

アウトスイープで広げたときの肘の位置を変えず、水面近くをキープしたままで腕を内旋させて肘を立てて水を捉える。肘を立てる際、手のひらが後ろを向くような意識を持つと水を効率よく捉えやすくなる。

斜め前から

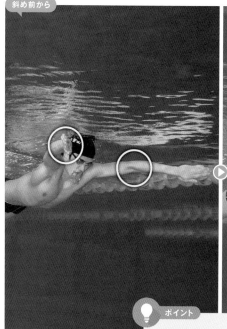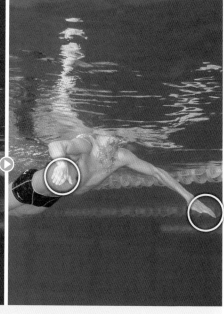

ポイント

小指を意識し、手のひらが後ろに向くようにして肘を立てる

アウトスイープ後、肘を立てるときには小指から前腕を動かして内旋させる。このとき、肩甲骨がさらに開くようなイメージ、感覚を持って行ってみよう。腕全体で水を後ろに押す感覚を持とう。

肩はすくめない

遠くに手を伸ばすからといって、肩をすくめるような動きはNG。首まわりはリラックスさせつつ、背中（肩甲骨）から腕を動かす意識を持とう。

水を捉えられていると自然と前に進める

肘を立てて水をしっかりと捉えられていれば、自然と体が浮き上がり、進行方向に進んでいく感覚がつかめる。キャッチ時はまだあごは引いたまま。あくまでキャッチ動作によって"自然に"体が浮き上がるようにすることが大事だ。キャッチの前にあごを上げて目線を上げてしまうと肘が落ちて、上半身が「前」ではなく「上」に上がってしまう。それにより、腰や下半身が沈んでしまう。

横から

小指で水を捉えるようにイメージして腕を内旋させてキャッチしよう

腕のほうに体が引き寄せられるイメージで

キーワード
▶ かき込み
▶ 脇
▶ 肘
▶ 腹圧

本数
適宜（基本として常に意識）

目的 体を前に押し出す

キャッチで捉えた水を一気に素早く体の前にかき込むことで、体を前方に押し出すことができる。かき込んだときはあごを引いて、目線は斜め前にする。下半身が沈まないように心がけよう。

やり方

水を捉えたキャッチの形のまま、脇を締めるようにして背中の筋肉と腕全体で水を体の前にかき込む。

キャッチをしたら
素早く脇を締める

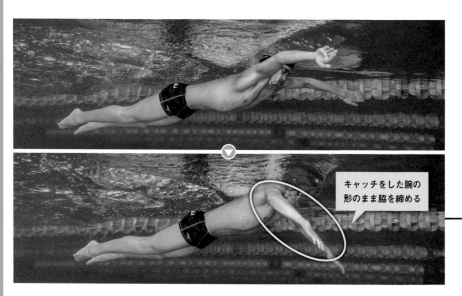

キャッチをした腕の
形のまま脇を締める

かき込み動作で
動きを止めない

"かき込む"というと、自分の体のほうに手を持ってくる意識になるが、キャッチのときに肘を立てて水を捉えていると体が自然と前へ進む。つまり、腕のほうへ体が自然に進むイメージを持つようにする。その後、背中から腕を体に寄せていく。手先を先に動かすのではなく、腕全体をキャッチした形に維持したまま、脇を締めるイメージだ。かき込み動作で動きが止まらないように、すぐにリカバリーにつなげることが大切。

腰を反らないように
腹圧を入れる

呼吸動作の局面が下半身が沈みやすく、最も抵抗を受けやすい。キャッチからかき込み動作によって上半身が起き上がるが、これはあくまで自然に浮き上がるだけであって、無理やり上半身を起こしているわけではない。無理やり上半身を起こすと、前ではなく上に上がり、下半身が沈んでしまうため腰が反らないように、腹圧を入れて胸をたたむような意識を持とう。また、あごや目線が上がりすぎないようにも気をつけよう。

腕のほうに体が動くようなイメージを持とう

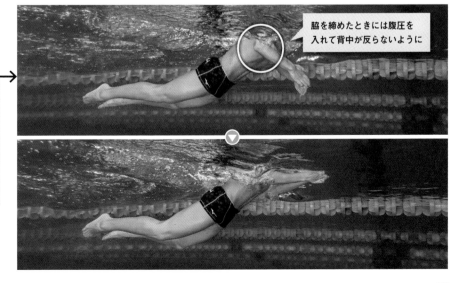

脇を締めたときには腹圧を入れて背中が反らないように

リカバリーは体重移動で進むチャンス

本数
適宜（基本として常に意識）

目的

体重移動と抵抗の少ない姿勢に戻る

腕を前に戻し、抵抗の少ないストリームラインの姿勢に戻すことで、キックの推進力を生かすだけではなく、前に体重移動することでキックの推進力を助ける働きもできるのが理想のリカバリーだ。

やり方

かき込み、体が浮き上がって呼吸をした後、あごは軽く引いたまま、目線はリカバリーする手を追いかけるように頭がついていくようにする。

あごは軽く引く

目線は斜め前を見るように

遠くに入水する
イメージを持つ

手を水中に戻す平泳ぎのリカバリー動作
だが、遠くに"入水"するイメージを持っ
て行おう。深く水にもぐるような体重移
動ではなく、浅く前に体を持っていくよ
うにする。最後は日大豊山式のストリー
ムライン姿勢をつくるようにしよう。

体重移動で前に
"のっかる"意識をする

腕だけを前に伸ばすのではなく、上半身全体
を前に持っていくイメージでリカバリーを行
おう。そしてストリームラインの姿勢になる
タイミングで力強くキックを蹴り出そう。

キックの打ち始めに合わせて前に体重移動しよう

遠くに入水する意識で

クロール〈自由形〉

背泳ぎ

平泳ぎ

バタフライ

スタート&
引き継ぎ

補強&筋トレ

チームビルディング

トレーニング計画&
メニュー

リカバリー時に体重移動する感覚をつくる

本数
25m×8本

目的　**体重移動の感覚とキックのタイミングを養う**

体重移動の感覚がわかりやすいバタフライキックを使うことで、リカバリー動作に合わせて前に体をのせる感覚をつくる。また、キックを打つタイミングを養うドリルでもある。ゆっくり行うだけではなく、速いスピードでも体重移動やタイミングを取ることができるようにしよう。

やり方

リカバリーで腕を前に伸ばしたタイミングで、フィンをつけたバタフライキックで体重を前にのせる。下にもぐり込むのではなく、前に体重をのせるように意識する。（"浅く、前に"を心がける）。

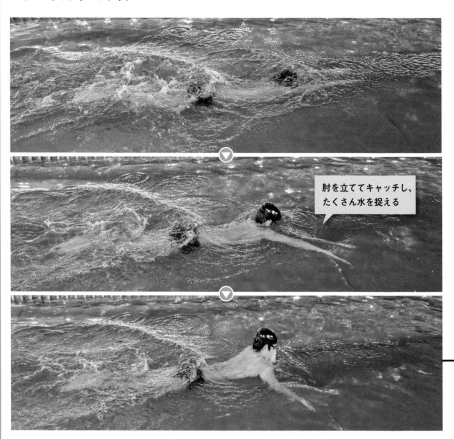

肘を立ててキャッチし、たくさん水を捉える

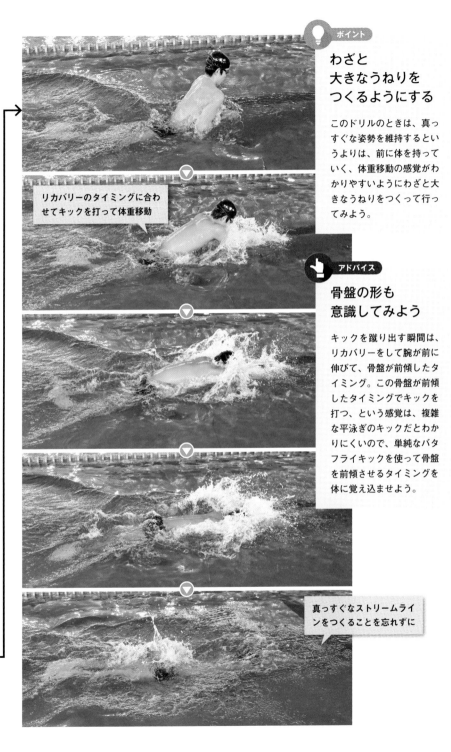

ポイント

わざと大きなうねりをつくるようにする

このドリルのときは、真っすぐな姿勢を維持するというよりは、前に体を持っていく、体重移動の感覚がわかりやすいようにわざと大きなうねりをつくって行ってみよう。

リカバリーのタイミングに合わせてキックを打って体重移動

アドバイス

骨盤の形も意識してみよう

キックを蹴り出す瞬間は、リカバリーをして腕が前に伸びて、骨盤が前傾したタイミング。この骨盤が前傾したタイミングでキックを打つ、という感覚は、複雑な平泳ぎのキックだとわかりにくいので、単純なバタフライキックを使って骨盤を前傾させるタイミングを体に覚え込ませよう。

真っすぐなストリームラインをつくることを忘れずに

高い推進力を生み出せる
泳ぎのタイミングをつくる

本数
25m×8本

目的 キックとストロークの
タイミングを覚える

スイムの形にキックが入ることで、ストリームラインの形やプル動作、キックの形など細かいところまで意識しやすい。ストロークとキックをどのタイミングで行えば効率のよい泳ぎをできるのかを探る。

やり方

水中でストリームラインの姿勢でキックを2回打つ。2回目のキックが終わったらプル動作を始め、スイムのようにプルとキックを合わせて3回目のキックを打つ。打ち終わったら、また、水中でストリームラインの姿勢を取り、キックを2回打ってプルを1回行うことを繰り返す。

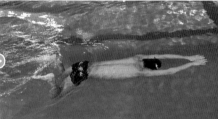

水中で2回キックを打ったらプルをスタート

リカバリーを始めるところで脚を引き始める

ポイント

3回キックをすることで 余裕を持って タイミングを図れる

3回水中でキックを行うことで、ゆっくり、落ち着いてストロークとキックのタイミングを合わせることに集中できる。また、ストリームラインの姿勢を取っているときにキックを打って進んでいること、よいストリームラインの形をつくることを意識する。

❶キックのタイミングは スイムと同じように行う

スイムの間にキックが入っているという意識を持つ。3キックー1プルから2キックー1プルに変えることで、スイムにより近い動きになる。細かいところまで意識しやすいため、平泳ぎのドリルの中でも重要な一つである。

❷かき込んだときは まだ脚は動かさない

脚を引きつけるタイミングは、かき込み動作からリカバリーに入るタイミングだ。

水中で真っすぐな姿勢のままキックする

脚は真っすぐ伸ばしたままでプルを行う

リカバリーを終えて前に体重移動したところで3回目のキックを打つ

体重移動する感覚を
コンビネーションの中で学ぶ

本数
25m×8本

目的　体重移動の感覚を養う

体が深く沈み込みにくいヘッドアップから通常のコンビネーションに移行していく中で、前に体重をのせる感覚をつくっていく。

やり方

頭を上げて前を向いたままで泳ぐヘッドアップで2、3ストロークをしたあと、徐々に頭を前に倒し、コンビネーションへと移行させていく。

テンポを少しずつ上げながら普通のストロークに移行していく

クロール（自由形）

背泳ぎ

平泳ぎ

バタフライ

スタート＆
引き継ぎ

補強＆筋トレ

チームビルディング

トレーニング計画＆
メニュー

ポイント

徐々にスピードアップさせていく

平泳ぎの体重移動は、浅く前に行うことが大切。ヘッドアップは、最初は頭が水面から出た状態から始まるため、だんだんと頭を入れていくことで体重移動を前に行う感覚を養いやすい。呼吸動作のときに動きが止まらないように。素早くリカバリーと体重移動を行うようにする。

最初はヘッドアップで
ゆっくりストローク

最後はスピードを上げて前に
体重移動する感覚を養おう

平泳ぎは抵抗を減らすことが重要

　平泳ぎという種目は、ほかのクロール、背泳ぎ、バタフライとはまったく異なる泳ぎであることを知ってほしいと思います。

　違う点は、大まかに挙げて3つあります。ひとつは、水の抵抗を最も受けやすい泳ぎであること。クロールや背泳ぎは常に推進力を生み出すことができ、体も水面近くで安定させて泳ぎ続けることができます。バタフライはクロールなどに比べると水の抵抗は大きいですが、ストロークとバタフライキックでクロール以上の推進力を得られます。ですが、平泳ぎは腕も脚も、その動作のほとんどを水の中で行います。そのため、どの種目よりも水の抵抗の影響を受けやすい泳ぎなのです。

　もうひとつは、プルよりもキックのほうが推進力を生み出しやすいということ。

ほかの種目よりも、ひと蹴りで進むことができます。キックの推進力を生かすためにも、水の抵抗を減らすこと、そしてプルとのタイミングが非常に重要になってきます。

　最後の違いが、ストリームラインの姿勢を取っているときが最も進んでいるときだということです。ほかの泳法では腕・脚を動かし、水を捉えてストロークするほうが進みます。ですが、平泳ぎはキックをしたあとのストリームラインの姿勢を取っている時間が、いちばん進んでいるときなのです。

　これらの違いをまず知っておくことで、平泳ぎの習得、上達は大きく変わってきます。水の抵抗を減らすことを念頭に置きつつ、効率よく水を捉えて推進力を生み出せるストロークやキックの方法を学んでいきましょう。

どの種目よりも水の抵抗を受けやすいのが平泳ぎの特徴

第4章

バタフライ

ダイナミックな泳ぎに加え、スピードもクロールに次ぐ速さのバタフライ。
ポイントは泳ぎの姿勢とリズム。
腰を使ったキックで高いボディポジションを維持し続けることで、
スムーズな泳ぎが実現できる。

日大豊山流バタフライのポイント

 ## バタフライはタイミングが重要

第1キックと入水を合わせて体重移動を行い、キャッチにつなげる。第2キックとフィニッシュを合わせて前に飛び出すようにして、リカバリーにつなげる。

 ## 腰の位置を高くキープしたまま泳ぐ

泳ぎの中で腰の位置が下がりすぎないように、できる限り水面近くをキープしたまで泳ぐように心がけよう。

 ## キックは内旋外旋を使う

腰、腹筋の力を足先に伝える。膝を必要以上に曲げないように、脚全体を内旋、外旋させながらキックをするとよい。

 ## 腰の力をキャッチに伝える

腰の力をキャッチに伝える。また、キャッチは胸郭を開くようにして肘を内旋させて立てると水を大きく捉えられる。その水は背中を使って後ろに押し出そう。

 ## リカバリーは体の横を楽に通す

リカバリーは、体の横で行う。腕は背中側に持っていかない（無理やり持ち上げない）ことが大切だ。

 ## 呼吸はあごの角度と目線、呼吸する時間に注意

息が楽に吸えるあごの角度を見つけておくことが大事。あごは上げすぎず、引きすぎず。目線も前を見すぎず、下を見すぎないように、"しすぎない"ことが大切。疲れてくると呼吸時間が長くなり、腰が落ちて抵抗が大きくなる。

泳ぎのイメージ

水上から

水中から

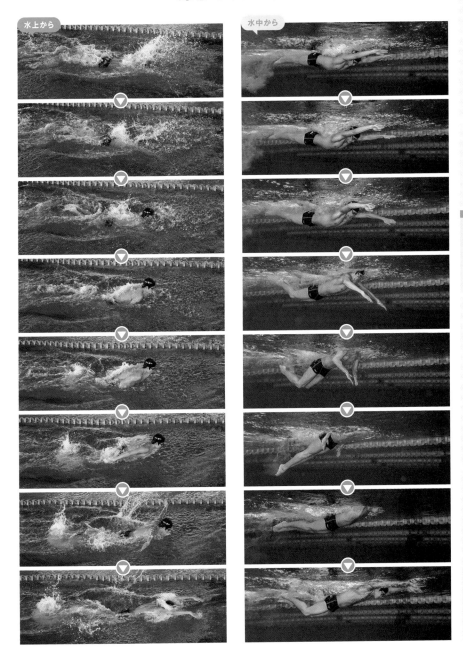

クロール（自由形）

背泳ぎ

平泳ぎ

バタフライ

スタート＆引き継ぎ

補強＆筋トレ

チームビルディング

トレーニング計画＆メニュー

腰の力の入れ方を覚える

本数
適宜（基本として常に意識）

目的　**キックにつなげられる
腰の力の入れ方を学ぶ**

バタフライのキックを打つとき、腰が沈んでしまうと前面から大きな抵抗を受ける。腰が沈まず、水面近くでキープできる感覚を身につけよう。

やり方

バンザイの状態で腹圧を入れ、腰から上を真っすぐにした状態で浮く。腰がしっかり水面に出ていることが大事。脚は力を抜いておこう。沈んでいても OK だ。

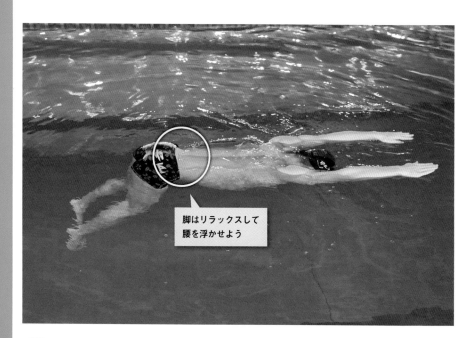

脚はリラックスして
腰を浮かせよう

ポイント

腹圧を入れておく

決してお尻を突き出すのではない。腹圧を入れた状態は維持したまま、腰を水面で維持するイメージを持って行おう。また腰の力を使うことで、強い力を発揮できるようになる。

腰と腹筋を使って腰が沈まないキックを身につける

本数
適宜（基本として常に意識）

目的　抵抗の少ない姿勢を維持したまま効果的に水を押し出すキックを打つ

腰が沈むと水の抵抗を前面から受けてしまう。腰が沈まず、抵抗も少なく、効率よく水を押し出すキックは足の指をくっつけたまま、蹴り下ろし時に膝を締めるのがコツ。内転筋も意識してみよう。

やり方

膝だけを曲げてキックを打つのではなく、蹴り下ろすときは脚を内旋させるようにして、内側に締めるイメージで打つ。蹴り戻す動作のときは、腰を反らないように、膝だけが曲がって腰よりも足（かかと）が上にいかないように注意しよう。

ポイント

脚を外旋させてフラットに

蹴り戻し動作のときには、脚を外旋させるようにすると膝が曲がらず、脚を伸ばしたままで水面に対してフラットな姿勢の位置まで戻すことができる。

アドバイス

腹筋と腰を使い分けて

蹴り下ろすときは腹筋を、蹴り戻し動作のときには腰を使う。特に蹴り戻し時はお尻を締めるように意識して動作を行うと、腰が沈みにくくなる。ただし、体幹には常に力が入っておくようにして、強い力を伝えられるようにする。膝が曲がることで抵抗になってしまうため、膝は曲げすぎないようにする。

蹴り下ろしは脚を内旋させる

蹴り上げのときには脚を外旋させるように

クロール（自由形）
背泳ぎ
平泳ぎ
バタフライ
スタート＆引き継ぎ
増強＆筋トレ
チームビルディング
トレーニング計画＆メニュー

腰を浮かせたまま キックを打つ感覚を養う

本数
10回キック×3セット

目的　腰を沈ませないキック動作を身につける

腰を水面近くでキープし続けたまま、キックを打つ感覚をつくる。特に蹴り戻し時に膝を曲げず、脚を伸ばしたままで腰よりも上にかかとが上がらないようにする動きも身につけられる。

やり方

一度、ゆっくりと下半身を沈めた状態から、大きくキックを1回打つと、その蹴り下ろしの反動で腰が浮いてくる。その腰の位置をキープしたまま、脚を外旋させながら蹴り戻し動作を行う。

ポイント

腰が浮いてから 脚を戻して

大きくゆっくりと蹴り下ろそう。するとぷかっと腰が浮いてくるので、腰が水面まで浮いてきたら脚を蹴り戻そう。

アドバイス

腹圧を入れたまま 水面に戻そう

決してお尻を突き出すのではない。腹圧を入れた状態は維持したまま、腰を水面に持っていきつつ、脚を揃えたまま水面に戻すイメージを持って行おう。

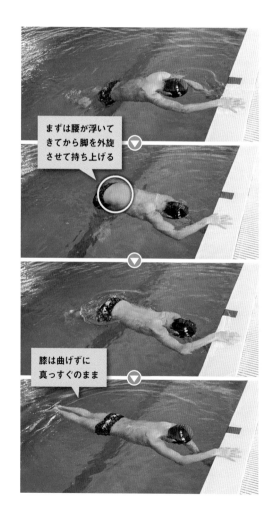

まずは腰が浮いてきてから脚を外旋させて持ち上げる

膝は曲げずに真っすぐのまま

キーワード
▶ キック
▶ 股関節
▶ 内旋
▶ 外旋

本数
内外旋の動きがわかる
まで何度でも

効率よく水を捉える
キックを身につける

クロール（自由形）

背泳ぎ

平泳ぎ

バタフライ

スタート&引き継ぎ

補強&筋トレ

チームビルディング

トレーニング計画&メニュー

目的

水を効率よく
押し出すキック

蹴り下ろし時には膝を絞めるように動かし、脚を内旋させる。蹴り戻しの際には、脚を外旋させるようにすると、膝がムダに曲がらず腰を浮かせるキックができるようになる。

やり方

腰かけキックで、脚の内外旋を使うキックの動きを目で見て、動きを体で感じる。繰り返し練習して習得しよう。

ポイント

内旋、外旋を
目で確かめて

足の甲で水を捉えるとき（蹴り下ろし）は内旋、脚の裏全体で捉えるとき（蹴り戻し）は外旋させる。膝の向きを目で見ながら行うと感覚がわかりやすい。

蹴り下ろし動作

脚を内側に締める
ようにして蹴る

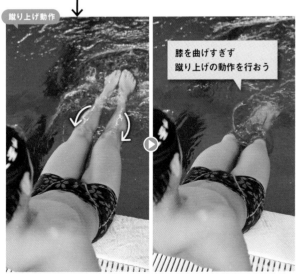

蹴り上げ動作

膝を曲げすぎず
蹴り上げの動作を行おう

キーワード
▶ キック
▶ 姿勢
▶ 腰
▶ 腹筋

本数
25m×8本

真っすぐな姿勢で
キックをリズムよく打つ

目的 フラットな姿勢を
維持したままキックする

上半身をあまり上下させすぎず、腰の位置を水面近くに
キープしたフラットな姿勢を維持した状態でバタフライ
のキックを打つ感覚を身につけよう。腰の力を足先に伝
えるように意識する。

やり方

ビート板を持った状態でキックを打
つ。上半身が必要以上に上下しない
ように気をつけて行おう。最初はス
ピードを出さず、ゆっくり行っても
OK。腰と腹から脚を動かす意識を
持とう。

手はビート板にのせる

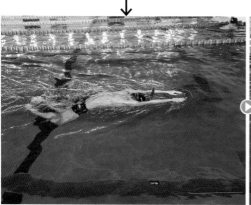

頭が大きく上下しない
ように注意する

ストリームラインの姿勢でキック

ビート板を持たず、ストリームラインの姿勢で
キックを行う。ビート板がないぶん上半身が安
定しないので、体や腰が上下しやすくなる。フ

ラットな姿勢を保ちつつキックが打てるように
しよう。蹴り上げのときは腰、お尻と太もも裏
を意識してみよう。

ビート板を持たないと上半身が
上下しやすくなるので気をつける

 アドバイス

動く順番も意識しよう

腰、腹筋→脚の付け根→太もも→
足先の順で動いていくようなイ
メージを持つ。

 ポイント

腰は水面近くに保つことを意識

腹圧を入れて、腰の位置を水面近くで安定させる
ように意識しながら行おう。また、蹴り戻し時に
かかとが腰よりも上にいかないように注意して。

腰の位置は常に
水面近くを維持する

クロール（自由形）

背泳ぎ

平泳ぎ

バタフライ

スタート＆引き継ぎ

補強＆筋トレ

チームビルディング

トレーニング計画＆メニュー

腰と背中を使って
水を捉えて後ろに押す

本数
適宜(基本として常に意識)

目的 肘を水面近くに保ちつつ腰と背中を使って水を捉える

水をしっかり捉えるために肘を立てる動き、そしてその水を推進力に変えるために、
力強く後ろに押し出すための腰と背中を使ったキャッチとストロークを覚えよう。

やり方

手が外に向かないように、肘を内旋させながらキャッチ。ここで胸郭をしっかり開くと水を広く、大きく捉えることができる。肘を立てたまま手を内側で揃えるようにして背中を使って、その水を後ろに押し出す。手が入水した後は少しだけ手を広げて、肘を立てるのを意識しながらキャッチ動作を行う。

背中を使って
水を捉える

肘を立てて
キャッチ

腰や背中は反らせすぎない

キャッチ時に胸郭は開くが、腰や背中を反らせすぎるわけではないことに注意する。第1キックと入水のタイミングを合わせて、体重移動しながらキャッチ動作を行う。

肩甲骨を意識してかき込む

キャッチ時に立てた肘の形そのままに、水をかき込んでこよう。背中（肩甲骨まわり）を使う意識を持って行うのがコツだ。

肩甲骨を意識して
水を捉えて後ろに押す

ポイント

腰の力を使って
水を捉えよう

クロールでもポイントに挙げた、腰の力を使って水を捉える感覚をバタフライでも流用しよう。腹圧を入れ、胸郭を開いて肘を内旋させると力が入りやすくなる。

リカバリーを
リラックスして行う

本数
適宜（基本として常に意識）

目的　**脱力して楽にリカバリーを行う**

腕を前に戻す動作であるリカバリーは、できるだけ力を使わず、リラックスして行えるようにしよう。そのためのコツが、腕は体の横を通すこと。第2キックとフィニッシュのタイミングを合わせることで、前に力強く飛び出すこともできる。この力を利用して、リラックスしたリカバリーを行う。

やり方

フィニッシュをしたら、腕を背中側に持ち上げるのではなく、体の横を通すようにする。水面に沿って腕を前に戻すイメージだ。肘を意識することでリラックスして行いやすい。

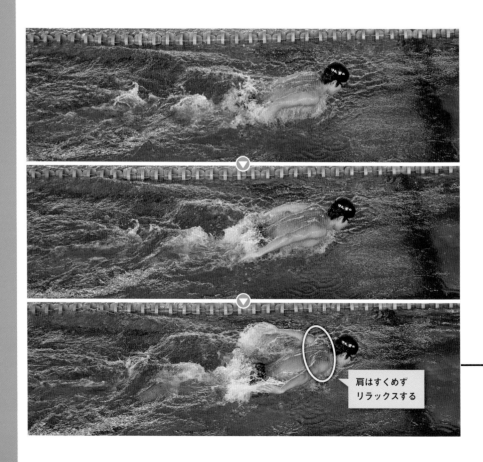

肩はすくめず
リラックスする

肘は軽くひねって

肘を軽くひねる（内旋）ように意識すると楽に
腕をリカバリーすることができる。また、途中
までは内旋を意識しながら回し、手が肩くらい
まで前にきたタイミングで外旋するのもよい。

入水位置は肩幅くらいで

入水位置は肩幅くらいで OK。次の
キャッチ動作につなげやすくなる。親
指を下にして入水することで、キャッ
チ動作につなげやすくなる。

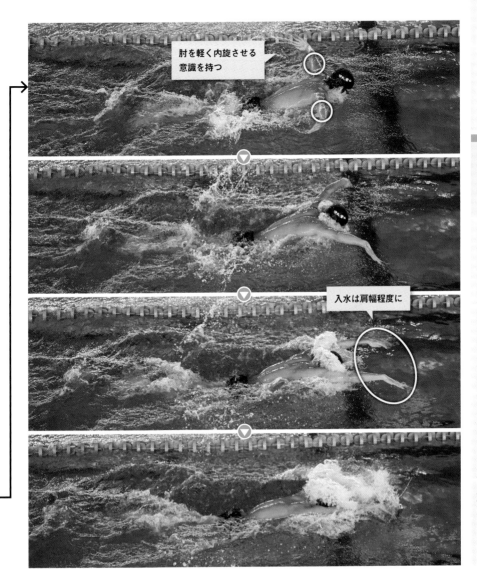

肘を軽く内旋させる
意識を持つ

入水は肩幅程度に

陸上でプル動作を確認する

本数
10回×3セット

目的 理想のプル動作をまずは陸上で身につける

いきなり水中で理想のストローク動作を行うことは難しい。陸上で、今までに説明してきたキャッチ、プル、フィニッシュ、そしてリカバリーの一連の動作を行ってみて、動きを確認して体に覚え込ませよう。

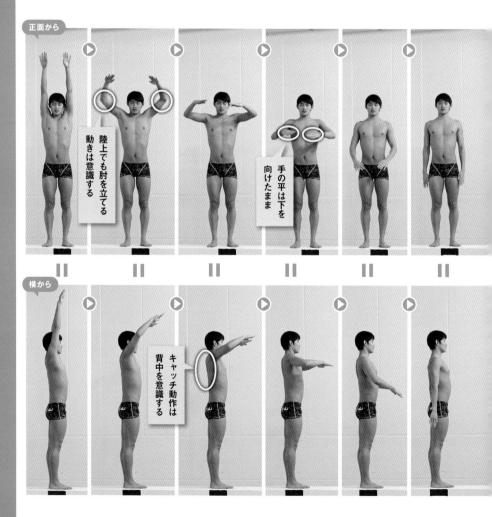

正面から

陸上でも肘を立てる動きは意識する

手の平は下を向けたまま

横から

キャッチ動作は背中を意識する

ポイント

鏡で動きを確認しよう

鏡などで自分の動きを確認しながら行うとさらによい。正面と横、それぞれ何度も行い、動きを身につけよう。

やり方

陸上で立った状態で、ストローク動作を行う。体を折り曲げて行うのではなく、天井に向かって進むようなイメージで、真っすぐ立った状態で行おう。

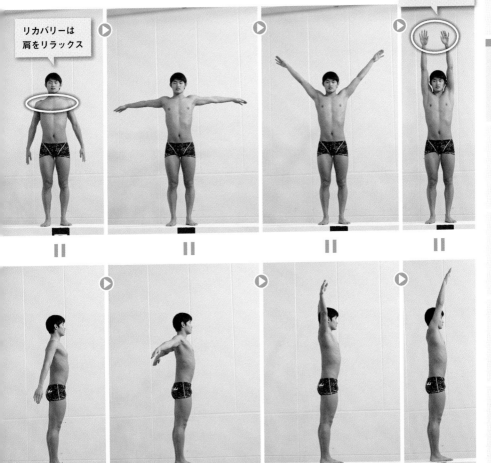

リカバリーは肩をリラックス

入水位置が肩幅よりも狭くなりすぎないように気をつける

入水時とフィニッシュ時に1回ずつキックを打つ

キーワード
▶ タイミング
▶ 入水
▶ フィニッシュ

本数
適宜（基本として常に意識）

目的

リズムをつくるためにタイミングを合わせる

両腕両脚を同時に動かすバタフライは、リズムが大事。そのリズムをつくるためにも、ストローク動作の中でキックを打つタイミングを決めておこう。入水と第1キックを合わせて、体重移動を心がけよう。

やり方

入水時に1回キックを打つ（第1キック）。そしてフィニッシュ時にもう1回キックを打つ（第2キック）。

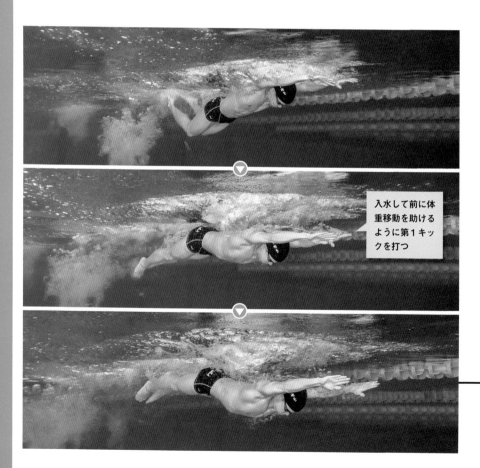

入水して前に体重移動を助けるように第1キックを打つ

ポイント

進むというよりも
姿勢を保つ第2キック

入水時に打つ第1キックは推進力を生み、フィニッシュ時に打つ第2キックは、進むというよりも、水面近くのフラットな姿勢を保つため、という意識を持って行うのがおすすめ（人によっては第2キックで進む人もいるためあくまで目安）。

アドバイス

自分のタイミングに合わせて

自分がタイミングを取りやすいほうで練習しよう。第1キックを意識したほうが泳ぎやすければ、入水時にキックを打ってグッと体を前に持っていくイメージで行おう。第2キックのほうが合わせやすければ、フィニッシュで水を押し切ったタイミングに合わせてキックを打とう。

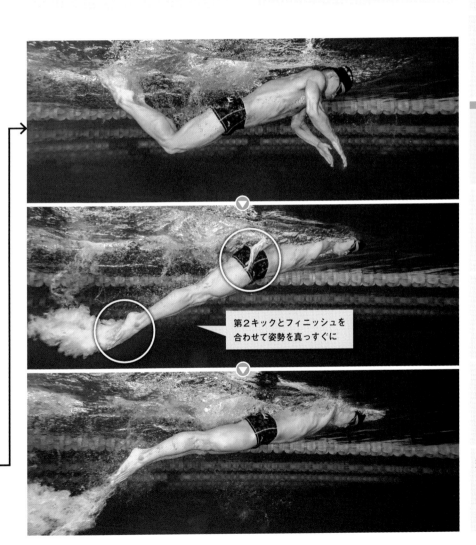

第2キックとフィニッシュを
合わせて姿勢を真っすぐに

クロール（自由形）

背泳ぎ

平泳ぎ

バタフライ

スタート＆引き継ぎ

補強＆筋トレ

チームビルディング

トレーニング計画＆メニュー

タイミングと ストローク動作のチェック

本数
25m×8本

目的　バタフライの総合ドリル

ストローク時の腕の動かし方、体の使い方、力を入れる場所などを確認しよう。片手で行うことで体が安定し、ストロークの動作や、キックとのタイミングに集中して行うことができる。

やり方

片方の腕は前に伸ばしたまま、もう片方の腕だけでバタフライを泳ぐ。

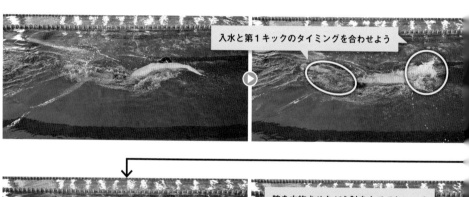

入水と第1キックのタイミングを合わせよう

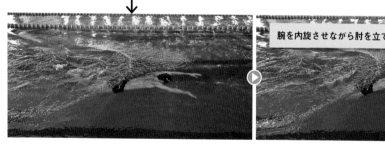

腕を内旋させながら肘を立ててキャッチ

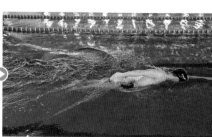

クロール（自由形）

背泳ぎ

平泳ぎ

バタフライ

スタート＆引き継ぎ

補強＆筋トレ

チームビルディング

トレーニング計画＆メニュー

アドバイス

動作をしっかりチェック

まずはストローク動作のチェックに集中してみよう。入水からキャッチ動作で肘を内旋させて立てて水を捉える。その捉えた水をしっかりと後ろに押し出す。リカバリーは、体の真横を通すようなイメージで行う。

アドバイス

片手でタイミングを覚えよう

キックとストロークのタイミングも、片手バタフライだと合わせやすい。入水時に打つ第1キック、フィニッシュ動作に合わせて打つ第2キック。このタイミングをしっかりと体に覚え込ませよう。

うねりが大きくならないよう、沈みすぎないように気をつける

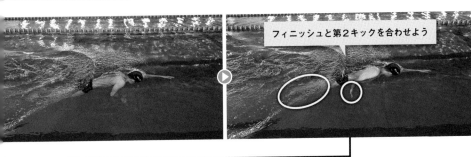
フィニッシュと第2キックを合わせよう

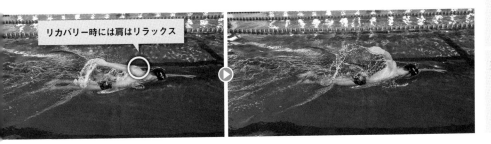
リカバリー時には肩はリラックス

あごを上げすぎず前を見すぎないのが呼吸のコツ

本数
適宜(基本として常に意識)

目的

呼吸が楽に行いやすい動作を身につける

顔を前に向けて呼吸動作を行うバタフライでは、あごの位置がポイント。楽に息が吸えるあごの位置、目線の方向を身につけておくことが大事。

やり方

顔を上げたとき、自分が息を楽に吸い込むことができるあごの位置を確認しよう。基本的には"しすぎない"ことが大事。あごを上げすぎず、目線も前を向きすぎないことがポイントだ。

目線は斜め下を見るイメージで

あごは上げすぎないように

ポイント

短い呼吸を心がけて

あごを上げすぎてしまうと、呼吸動作で腰が落ちて抵抗が大きくなりやすい。また、呼吸の時間が長くなってしまうと体が沈みやすくなる。疲れたときこそ、遅く顔を上げて早く顔を入れるようにすることが大切である。

片手バタフライドリルに呼吸も合わせて

片手バタフライのドリル時には、顔を前に向けて呼吸すると、
呼吸動作のドリルにもなるので活用してみよう。

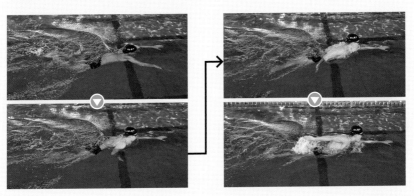

息を吸ったらすぐに顔を戻し始める

つむじは真っすぐ前に

ポイント

つむじは常に前へ

頭のつむじは、できるだけ常に前
を向けておくらいのつもりで呼
吸するとよい。

アドバイス

息を吸いやすい角度を見つけよう

陸上であごを上げ下げして、自分が息を吸いやす
いあごの角度を覚えておく。その角度でバタフラ
イは呼吸しよう。

上下動を小さくして抵抗を減らそう

バタフライは4泳法の中で、クロールに次ぐスピードを出せる種目です。また、平泳ぎのように両手両脚を同時に動かして泳ぐので、平泳ぎ同様、前方への体重移動が非常に重要な泳ぎ方でもあります。

ですが、だからといって大きくうねってしまうと、前面からの水の抵抗を大きく受けてしまいます。ただでさえエネルギー消費の多いバタフライなのに、水の抵抗を受けながらもそれに抗おうとして、さらにパワーを使ってしまうのはムダです。

トップ選手たちの泳ぎを見ても、バタフライは大きくうねっているように見えます。ですが、あれは『前方への体重移動を限りなく小さい上下動で行った結果』です。自然にうねっているのであって、自分から意図的にうねっているわけ

ではありません。体重移動ができる必要最小限の上下動は残しつつ、できるだけフラットに、抵抗の少ない泳ぎを心がけてください。

上下動を小さくするには、キック主動で泳ぎをつくっていきましょう。腰と腹筋を使った力強いキックをつくり、そのリズムに合わせてプル動作を行う。腰の位置を高く保ち続けるキックができれば上半身も高い位置をキープできるので、自然とフラットに近い泳ぎができるようになっていきます。

ただし、キックはあくまで泳ぎの舵取りのようなもの。エンジンとなり推進力を生み出すのは、上半身でありストロークです。そのストロークを効果的に行うために、リズムの崩れないキックが必要になってくるのです。

上下動を最小限に抑えるためにも、バタフライではキックが重要になる

第5章

スタート&引き継ぎ

スタートで大切なのは、スムーズに泳ぎにつなげること。
飛び出すときの力の使い方や姿勢のポイントは、飛び込んだときの
勢いを維持して泳ぎ出すためだ。リレー時の引き継ぎは、
ポイントを押さえればタイムを大きく縮めることも可能になる。

勢いをつける
クラウチングスタート

キーワード
▶ 軸
▶ 入水角度
▶ ストリームライン

本数
適宜（基本として常に意識）

目的　泳ぎにつながる飛び込みを学ぶ

後ろの足でしっかりとスターティングブロックを蹴ることで、勢いよく
飛び出せる。その飛び出した勢いを泳ぎにつなげられるような入水姿勢
をつくることもポイントだ。

やり方

左右の足を前後に開き、真ん中の線に対してお尻や体が一直線になるように
し、後ろの足と前の足でスタート台をしっかりと蹴り出す。構えたときに後
ろ足の膝が開かないことに注意。脱力した状態から力を入れることで瞬時に
力が入りやすくなり、飛び出した後は、腕を体の横から前にもっていくこと
で腕の重さを利用して速度を高める。水面に対して入水角度が大きくならな
い姿勢をつくろう。

前足は小指までスタート台にかける。後ろ足は母指球をブロックに当てる

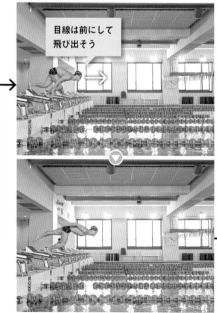

目線は前にして飛び出そう

ポイント

腕・足の使い方と入水角度

● 前足と後ろ足
両足が近いと力は入りやすいが、ストリームラインを組みにくい。遠いと力は入りにくいが、ストリームラインを組みやすい。

● 腕の使い方
片腕は全身の約6パーセント程度の重さといわれている。腕の振り方によっては、勢いを落としてしまう可能性があるため、遠心力となるように心がける。

● 入水角度
飛び込みは、前の形よりも"後ろの抵抗"や"入水角度"が大切である。腰を反らないこととお腹と脚が落ちないことに気をつける（股関節を伸ばすことで腰が反りやすくなる）。

● 練習
陸上でスクワットジャンプをして練習するのもよい。

アドバイス

大事なのは
泳ぎにつなげること

力強く飛び出せる形や方法は大切だが、何よりも大切なのは飛び込んだときの勢いを泳ぎにつなげること。入水してから減速しないためにも、入水時には真っすぐなストリームラインの姿勢をつくるようにしよう。

真っすぐな姿勢で、30度くらいの角度で入水するとよい

足先が入水するまで気を抜かず、真っすぐな姿勢を維持しよう

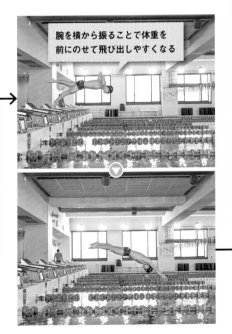

腕を横から振ることで体重を前にのせて飛び出しやすくなる

背中は反らせすぎず真っすぐに入水する

本数
適宜（基本として常に意識）

目的　水の抵抗の少ないスタートをする

後ろ側に向かって飛び出す背泳ぎのスタートでは、背中や足を引きずってしまい水の抵抗を大きく受けることが多い。1点入水にこだわる必要はないが、極力水しぶきを上げず、水の抵抗を減らすスタートを身につけよう。

やり方

足幅は腰幅ぐらいに少し開き、おしりを壁に近づけすぎないように体を引きつける（構えたときの足は90度ぐらい曲げる）。先に手を離し、足が離れる前にストリームラインを組む。股関節が伸びきったところで強く蹴り、ぎりぎりまで踏ん張ってから足を最後に壁から離す。

足腰を踏ん張っておくと、腰の位置を水上に位置することができ、勢いよく飛び出すことができる

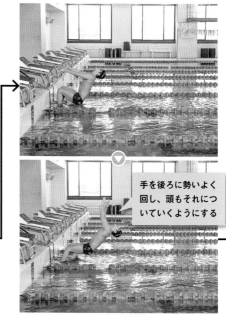

手を後ろに勢いよく回し、頭もそれについていくようにする

手で押そうとしすぎない

手で握っているスタート台のバーは、飛び出し時に押すというよりは、離すくらいのほうがよい。

足が離れる前にストリームラインを組むイメージで

背中が反りすぎてしまうと、入水後に大きな抵抗を受けてしまう。足が離れる前にストリームラインを組んで、よい角度で入水できるように心がけよう。また構えたときに肩に力を入れすぎないようにして、バーを押すときは背中の筋肉を使うように意識しよう。

体幹に力を入れられると背中の反りを抑えることができる

足先が跳ね上がりやすいので、入水の最後まで気を抜かない

キーワード
▶ タイミング
▶ リズム
▶ 入水角度

本数
引き継ぎのタイミング
がわかるまで

腕を回さずスタートする スタンダードな引き継ぎ

目的

引き継ぎスタートの タイミングをつかむ

リレー競技で行われる引き継ぎ。タイミングを合わせれば、0秒5前後の記録短縮につながるだけではなく、通常のスタートよりも勢いをつけられるので、スタートから15メートルまでのスピードも上がる。

やり方

1人に全力で泳いできてもらい、腕を前後させながらタイミングを合わせて飛び出す。腕は前後の振り子運動だけなので、タイミングを合わせやすい。どのタイミングで体を前に体重移動させていけばよいのかを見つけよう。

腕の振りの勢いで
体を前に倒していく

目線は前を見て飛び出す

最後は自信を持って
思いきり飛び出そう

クロール（自由形）

背泳ぎ

平泳ぎ

バタフライ

スタート＆引き継ぎ

補強＆筋トレ

チームビルディング

トレーニング計画＆メニュー

ポイント

目線は前に向けて飛び出す

前の泳者がタッチする瞬間まで見てスタートするのでは遅い。タイミングを合わせて「ここだ」と思ったら目で前の泳者を追うのをやめ、力強く飛び出すことに集中しよう。

アドバイス

膝を使ってタイミングを計る

全身でリズムをとる。膝を使ってリズムをとるとタイミングを計りやすい。前泳者がタッチをしたときに、後泳者は足がスタート台をぎりぎり離れない形をつくっておくことが望ましい。つまり、前泳者がタッチをしたときには、すでに後泳者が動き出して飛び出した形になっている。日大豊山では引き継ぎ練習を行う際、リアクションタイムが0秒1前後（0秒05～0秒19秒ぐらい）になることを目標にしながら行う。

117

腕を1回転させて 勢いをつけて飛び出す

本数
引き継ぎのタイミング
がわかるまで

目的 勢いをつけてスピードを上げる

腕を振り上げて回転させることで勢いをつけ、飛び出しスピードを高められる。そのことによって、入水後も通常のスタートよりも高いスピードを維持できるので泳ぎ始めのスピードも上がる。ただ、タイミングが取りにくいのでしっかり練習してから活用しよう。

やり方

前の泳者が泳いできたらタイミングを合わせて腕を前から振り上げて1回転させ、その遠心力の力を使って飛び出す。

タイミングを合わせて腕を振り始める

腕を振り上げて回転させる

前の泳者は見ないで前を見て飛び出そう

遠心力は前方に向ける

腕を回して飛び出すとき、遠心力が上方向に向かないように気をつけよう。飛び出すときに腕を上に振り上げるのではなく、前に放り投げるようにして、遠心力で得た力を前方向に向けることが大事なポイントだ。また、倒れ込まずに飛ぶ意識を持つ。倒れ込んでしまうと泳いできている人のタッチが合わなかったときに止まりにくく、フライングをしてしまう可能性がある。

上半身をしっかり倒して飛び出す

腕が背中を通過したら、上半身をしっかり倒すことで前に体重移動ができ、腕を回したことで得た力を前に飛び出す力に変えることができる。日大豊山では、学校対抗戦が始まる6月ごろからリレーの引き継ぎ練習を行っている。試合の1週間くらい前から毎日2、3本、リレーの正選手を中心にしてさまざまな組み合わせを想定しながら、いろいろな人と引き継ぎ練習を行う。あえて50メートル×2〜4本をリレー形式にして「ハード*」するような練習を行うこともある。

＊ハードに泳ぐこと（心拍数30前後／10秒）

腕を1回転させると勢いが増すのでタイミングを合わせよう

どのタイミングで腕を回転させ始めればよいのかを何度も練習しておこう

クロール（自由形）

背泳ぎ

平泳ぎ

バタフライ

スタート＆引き継ぎ

補強＆筋トレ

チームビルディング

トレーニング計画＆メニュー

引き継ぎのポイントは正確性

リレーで最も重要といっても過言ではないのが、引き継ぎです。陸上競技の日本代表チームも、世界が一目置くバトンパスを武器に、五輪でメダルを獲得しました。4人の個々の力は世界のトップには及ばないかもしれません。ですが、リレーで世界を席巻できるということは、4人を"つなぐ"部分のテクニックがどれだけ重要かを示していると思います。

水泳ではあまり重要視されていないかも知れませんが、リレーの引き継ぎ動作は勝敗を大きく左右することを知っておいてください。

通常の飛び込みスタートでは、リアクションタイムと呼ばれる、スタート台から脚が離れるまでの時間は0秒5〜7くらいです。リレーの引き継ぎでは、その時間を限りなくゼロに近づけることができます。さらに、今回紹介したように、勢いをつけることで飛び出しスピードは通常のスタートよりも速くなり、泳ぎの初速アップに大きく影響します。つまり、単純に1秒近く、通常のレースよりも速く泳げる可能性が水泳のリレーには潜んでいるのです。

たとえば、ライバルとの差が1秒もないなら、引き継ぎの練習だけでもその差を埋めることは可能です。日大豊山では、このリレーを常に大切にしてきました。全国大会のリレーで優勝すると、チームが勢いづきます。そんなリレーで活躍する先輩の姿を見て、後輩たちは「自分もリレーに出たい」とモチベーションを持って練習に取り組んでくれます。相乗効果がとても高いのがリレーなのです。

みなさんもぜひ、チームで引き継ぎの練習を取り入れ、チーム力をアップさせてください。

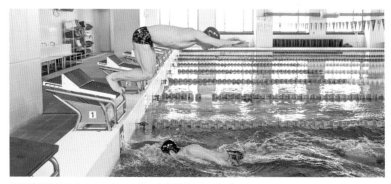

引き継ぎの質を高めることで、個の力を補うことができる

第6章

補強＆筋トレ

泳ぐ前に体を動かしておくことは、故障やケガの予防だけではなく
パフォーマンスの向上にもつながる。各動作の目的や鍛える部位を理解し、
正しいフォームを身につけることが最優先。
高校生になれば、軽い負荷でもよいのでウエイトトレーニングを
取り入れることもおすすめする。

キーワード
▶ 体操
▶ 準備
▶ 体

練習、試合前に体を動かして準備する

時間
トレーニング前に行う（5分程度）

目的　体を温めて可動域を広げる

トレーニングやレース前に、全身を動かすことで体温を高め可動域を広げる。全身をまんべんなく動かすことで上半身、下半身、四肢を連動させる効果も期待できる。また、レース会場では、ウォームアッププールが混雑していてアップが十分にできないこともある。陸上で体を動かす準備をすることは、レースのパフォーマンス向上にもつながる。独自の準備運動をつくり上げるとよいかもしれない。

やり方

紹介する 14 種目をそれぞれ 16 呼間（16 カウント）で行う。すべて行い、一連の動作にかかる時間は 2 分 30 秒程度。小さい筋肉だけを動かすのではなく、全身を使い、動きにキレを出す。動作はすべて左から行う。

❶ジャンプ

その場で両脚ジャンプ。膝を曲げた状態がスタートポジション。1呼間で1回ジャンプ（計16回ジャンプ）。

アドバイス

陸上でダイナミックな動きを

ウォームアップは水中だけで行うものではない。陸上でダイナミックな動きを取り入れることで、体を温めて可動域を広げることができる。

❷直角振

肘を伸ばしたまま、①前→②横→③前→④下→⑤⑥後ろ回し→⑦⑧前回し。
これを繰り返す（ここでの丸数字はそれぞれの呼間〔カウント〕を示す。以下同じ）。

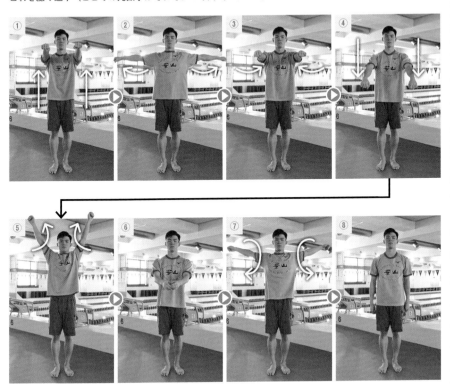

❸腕の内旋・外旋

脚を曲げ伸ばししながら、①②前回し→③④後ろ回し→⑤⑥左足を左に一歩踏み出しながら
前回し→⑦⑧後ろ回しをしながら左足を戻す。これを繰り返す。

123

❹ジャンプ（腕付き）

両脚ジャンプをしながら、①肩→②前→③肩→④横→⑤肩→⑥上→⑦肩→⑧下に手を動かす。
これを繰り返す。

❺大の字＋伸脚

①腕を体の前でクロス→②脚を横に広げながら腕も横に伸ばす→③上に伸び上がって腕を伸ばす→
④横に伸身→⑤〜⑧は同じ動きを反対側に。伸脚時は肘を高く上げ、腕を伸ばす。これを繰り返す。

クロール（自由形）

背泳ぎ

平泳ぎ

バタフライ

スタート＆
引き継ぎ

補強＆筋トレ

チームビルディング

トレーニング計画＆
メニュー

❻斜前屈

①②左斜前屈→③④伸び上がり後屈→⑤⑥右斜前屈→⑦⑧伸び上がり後屈。これを繰り返す。

❼体側

①②左側へ体側を伸ばす→③④腕を体の前に戻す→⑤⑥右側へ体側を伸ばす→⑦⑧腕を体の前に戻す。
上げる腕はしっかり伸ばし、反対側は臀部をしっかり押す。これを繰り返す。

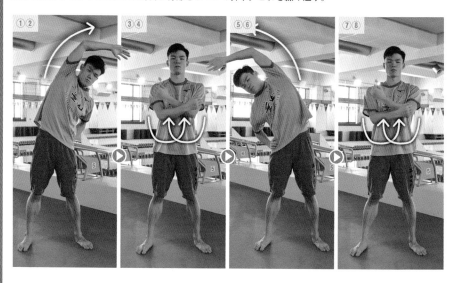

❽体の回旋

上半身を前屈したまま腕を伸ばして、①左、②右、③左、④右にひねり、⑤〜⑧で大きく体を回旋させる。回旋は左右1回ずつ。これを繰り返す。

❾前屈・後屈

①〜④で前屈→⑤〜⑧で後屈。前屈と後屈の間は一度気をつけの状態に戻る。これを繰り返す。

クロール（自由形）

背泳ぎ

平泳ぎ

バタフライ

スタート＆引き継ぎ

補強＆筋トレ

チームビルディング

トレーニング計画＆メニュー

⑩腕立て伏せ（脚上げ付き）

①斜めにジャンプして手をついてしゃがむ→②腕立ての姿勢→③④左脚を上げながら腕立て伏せ→
⑤⑥右脚を上げながら腕立て伏せ→⑦手をついてしゃがむ→⑧立つ。腕立て伏せのときにしっかり
脚を上げる。これを繰り返す。

⑪水平振

①肘を曲げて手を前ではずませる→②そのまま水平に腕を横に大きく広げる→③①と同じ動き→④②と同じ動きで胸の前に腕を戻す→⑤⑥前回しをしながら前屈→⑦膝を曲げてしゃがむ→⑧立ち上がる。これを繰り返す。

クロール（自由形）

背泳ぎ

平泳ぎ

バタフライ

スタート＆
引き継ぎ

補強＆筋トレ

チームビルディング

トレーニング計画＆
メニュー

⑫左右踏み込み

①手を肩につけながら左足を半歩先へ足を広げる→②深く強く踏みながら左腕を前、右腕を上にしっかり伸ばす→③①の姿勢に戻す→④気をつけ→⑤手を肩につけながら右足を半歩先へ足を広げる→⑥深く強く踏みながら右腕を前、左腕を上にしっかり伸ばす→⑦⑤の姿勢に戻す→⑧気をつけの姿勢。これを繰り返す。終わったあとは腕を胸の前でクロスさせる。

⑬グリコ

①両腕を大きく振り上げると同時に片脚でもも上げをする（体全体を上方向に引き上げる）→②腕を胸の前でクロス→③〜⑧は同じ動き。これを繰り返す。

⑭深呼吸

4呼間で1回の深呼吸。これを4回行う。

自重トレーニングで強い体をつくる

目的

泳ぎを安定させる体づくり

自重によるトレーニングでも、安定した泳ぎのための体を十分につくり上げることができる。体幹を中心に、下半身、上半身をバランスよく鍛えていこう。

やり方

豊山体操で体を温めたあとに、股関節を動かして可動域を広げる。その後、腹筋、スタビライゼーション、腕立て、スクワットなどの基礎的な動きをバランスよく全身で行う。種目ごとの休みは10〜15秒程度。ただ単に回数をこなすのではなく、正しいフォームで行うことを意識しよう。

❶股関節の運動その1

股関節の内旋・外旋の動きを左右交互に各8回行う。

❷股関節の運動その2

片脚を伸ばして、伸ばした側の脚を左右に内旋・外旋する。右脚と左脚を8回ずつ行う。

クロール（自由形）
背泳ぎ
平泳ぎ
バタフライ
スタート＆引き継ぎ
補強＆筋トレ
チームビルディング
トレーニング計画＆メニュー

❸クランチ ノーマルスロー `20回`

股関節と膝をそれぞれ90度に曲げて
ゆっくり行おう。腹筋上部を意識する。

❹クランチ ノーマルファスト `20回`

❸の動きを素早く行う。呼吸は止めないこと。

💡 **クランチのポイント**

- 脚を肘に近づけてしまうと負荷が小さくなってしまうので注意。
- 頭だけ動かすのではなく、腹筋から動かす。
- スローとファストを交互に行うことで、より負荷がかかりやすくなる。

❺クランチ 左右交互スロー＆左右交互ファスト `スローは左右合わせて20回、ファストは左右合わせて30回`

スローのときは体を持ち上げてからひねる。腹筋上部と外側を意識する。

❻バイシクルスロー `20回`

バイクをこぐような動きで左肘と右膝、右肘と左膝を交互にくっつけるようにひねる。
伸ばしている足は軽く浮かした状態で。ひねりを加えることでより強い負荷を与える。

❼バタ足ファスト　左右交互に30回

上半身を持ち上げた状態で、脚を付け根から伸ばし
脚全体を素早く上下させる。腹筋下部を意識する。

❽スタビライゼーション
肘－膝　30秒保持

膝から肩が一直線になるようにキープする。

❾スタビライゼーション
肘－つま先　30秒保持

背中を反らせたり丸めたりしないように。

❿スタビライゼーション
肘－かかと　30秒保持

腰を反らせすぎないように、真っすぐを意
識して行おう。

⓫スタビライゼーション
肘－つま先 片脚上げ　左右15秒ずつ保持

脚の付け根から伸ばす意識を持つ。

⓬スタビライゼーション
肘－つま先 ムービング前後　30秒

❾の姿勢から前後に動く。腰が落ちないように
真っすぐの状態を保持しよう。

133

⑬スタビライゼーション 肘－膝 片手上げ　左右15秒ずつ保持

上げる腕は低くてもいいので、体がねじれて軸が傾かないようにしよう。脚を軽く開いたほうがやりやすい。

⑮スタビライゼーション ドギーバランス①　左右30秒ずつ保持

対角線上の腕と脚を持ち上げよう。腰が反らないように気をつける。脚と腕は付け根から指先までしっかり伸ばす。

⑭スタビライゼーション サイドプランク　左右30秒ずつ保持

お尻を突き出したり、腰を反ったりしないように気をつけよう。腕を直角にして胸を張ること。

⑯スタビライゼーション ドギーバランス②　左右20回ずつ

⑮の姿勢から対角線上に腕と脚を曲げ、体の前で肘と膝をタッチしてから元の姿勢に戻す。頭と肩が必要以上に動かないようにしよう。

アドバイス

「だるくなる感覚」がポイント

チューブは肩のインナーマッスルを鍛えるために行う。肩のインナーマッスルとは、表面ではなく深層にある筋肉のことで、肩を回旋させるだけではなく肩関節を安定化させる重要な役割も持つ。棘上筋、棘下筋、小円筋、肩甲下筋の4つの筋肉を意識しながらトレーニングを行う。負荷や動きが大きくなりすぎると表面の大きな筋肉を使うことになってしまうため動作には注意が必要。"肩甲骨まわりがだるくなる"という感覚が重要である。

⑰腕立て　10回×4セット

体は常に真っすぐの状態を維持して行おう。

⑱タッグジャンプ 10回

思いきり高く跳ぶ
ことを意識して。
跳び上がったら膝
を体に引きつける。

⑲スクワット 20回（※⑱と⑲を合わせて3セット）

腰が丸まらない
ように。膝がつ
ま先よりも前に
出ないようにし
て行おう。お尻、
太もも裏を意識
する。

⑳肩のインナー
マッスルチューブ①
20〜30回程度。負荷は小

肩の外旋（外にひねる動き）を行う。
脚を軽く開き、腕は肘を90度に曲げ
て手のひらを上に向けた状態で肩幅程
度に広げる。肩だけで30度ぐらい動
かして開いたらゆっくり戻す。

㉑肩のインナー
マッスルチューブ②
左右各20〜30回程度。負荷は小

肩の内旋（内側にひねる動き）を行う。
チューブをドアや柱にくくりつけ、肘
を90度に曲げてから肘を軸にチュー
ブを内側にゆっくり引っ張る。45度
くらい動かしたらゆっくり戻す。

㉒肩のインナー
マッスルチューブ③
左右各20〜30回程度。負荷は小

肩の外転（挙上）を行う。脚を肩幅程度に開
き、小指を上にして腕を上げる。30度くら
い上げたらゆっくり戻す。高く上げすぎると
違う筋肉を使うことになってしまう。腕は真
横ではなく、少し斜め前で行おう。

クロール〈自由形〉
背泳ぎ
平泳ぎ
バタフライ
スタート＆引き継ぎ
補強＆筋トレ
チームビルディング
トレーニング計画＆メニュー

自重トレーニングの負荷を高める

キーワード
▶ 正しいフォーム
▶ 高い負荷
▶ 常に体幹を意識する

本数
各種目5～20回、
または15～30秒保持

目的

自重トレーニングの効率をアップさせる

TRXトレーニングは、自重トレーニングの効果を簡単にアップさせることができる。それだけではなく、関節への負荷は軽減できるので故障やケガもしにくい。また、支えがない状態での水中動作に近い状況をつくり出せるので、水中での姿勢を意識しながらトレーニングすることもできる。

やり方

どの種目でも、鍛える部位を意識すること。そして体幹を締めて真っすぐな姿勢を意識して行うこと。そうすることで、体幹で体を安定させつつ、腕脚でパワーを発揮するトレーニングにもなる。

❶ロー・ロウ［広背筋］ 10回

少し後ろに体を倒し、腕を伸ばした状態から脇を締めてローイングを行う。肋骨まで引き寄せる。

❷ハイ・ロウ［肩まわり・広背筋］ 10回

脇を開いて、肘を肩の高さに持ち上げてローイングを行う。

＊サスペンションバンドを手足で持ったり引っかけたりした状態で行うトレーニング

❸バンザイ［肩まわり］ 10回

腕を伸ばした状態で、バンザイをする。肘は軽く曲げておこう。

❹対角バンザイ［肩まわり］ 10回×2セット

バンザイと同じように肩の筋肉を使って、腕を伸ばしたまま片腕は上に、もう片方の腕は下に広げる。

❺スーパーマン

［体幹・大胸筋・腕まわり］ 10回

腕を真っすぐ伸ばしたままバンザイで斜め前に倒れた
状態から、腕の力を使って体を起こす。

💡ポイント

ゆっくり行う

勢いをつけてしまうと、鍛えたい部
位以外の場所の筋肉も使うので効果
が半減する。姿勢を維持すること、
鍛えたい部位を意識することの2つ
を大事に行おう。アンカーポイント
（サスペンションバンドを設置した
場所）のほうに向いて行う動作は、
目線が下がらないようにアンカーポ
イントを見ながら行う。立って行う
動作は、体の倒し方によって負荷が
変わってくるため、立つ位置を前後
にずらしながら負荷を調整しよう。

137

❻スクワット［大腿四頭筋・ハムストリングス・大臀筋］ 15回×2セット

TRXを軽く引っ張りながらスクワットを行う。

❼ジャンプスクワット［大腿四頭筋・ハムストリングス・大臀筋］ 10回×2セット

TRXで体を軽く支えながら、スクワットジャンプを行う。

❽ワイドジャンプスクワット［大腿四頭筋・内転筋・大臀筋］ 10回×2セット

TRXを軽く引っ張りながらスクワットを行う。脚を少し広げた状態で行うと、内転筋にも刺激が入る。

❾ランジ（足かけ）［大腿四頭筋・ハムストリングス］ 10回×2セット

TRXに片足をのせた状態でランジを行う。

❿ランジ（手持ち）［大腿四頭筋・ハムストリングス・大臀筋］ 10回×2セット

TRXを持った状態でランジ（片脚スクワット）を行う。❾のランジよりもお尻への刺激が入りやすい。

⓫ランジジャンプ ［大腿四頭筋・ハムストリングス・大臀筋］ 8回×2セット

TRXを持ち、体を安定させた状態で片脚ジャンプスクワットを行う。

クロール（自由形）

背泳ぎ

平泳ぎ

バタフライ

スタート＆引き継ぎ

補強＆筋トレ

チームビルディング

トレーニング計画＆メニュー

⑫プランク腕立ての姿勢キープ

[体幹] 30秒

腰が落ちないように体幹を締めて
腕立ての姿勢をキープする。

⑬お尻上げ [体幹] 10回

腹筋を使ってお尻を高く持ち上げる。
膝は曲げないように。また、戻すと
きは背中も意識しておくと腰を反ら
せずに行える。

⑭腕立ての姿勢→お尻上げ→腕立て→腕立ての姿勢 [体幹・大胸筋] 10回

腕立ての姿勢からお尻を上げ、一度脚を真っすぐの姿勢に戻して腕立て伏せを行い、元の姿勢に戻す。

⓯膝横振り[体幹(ひねり)] 10回

腹筋を使ってひねり動作を行う。体の
軸が左右に大きく振れないように注意
して行おう。

⓰マウンテンクライマー[体幹] 20回

素早く脚を前後に動かす。体が左右にぶれないように体幹をしっかり締めた状態で、
脚を動かすように意識しよう。

⓱あお向け脚の伸ばし&引き戻し[ハムストリングス・大臀筋・腰] 10回

脚の裏側とお尻を意識して、TRXにのせた脚を伸ばして引き寄せる。腰が反らないように注意。

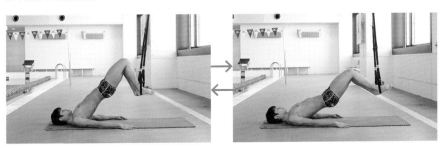

クロール（自由形）
背泳ぎ
平泳ぎ
バタフライ
スタート＆引き継ぎ
補強＆筋トレ
チームビルディング
トレーニング計画＆メニュー

⑱サイドプランクキープ→ひねり 15秒キープ→ひねり5回×左右各2セット

サイドプランクの状態で
15秒キープし、その後、
上半身をひねり、元の姿勢
に戻す。体を向けた側の脚
を上にもってきて、腰が落
ちないように気をつける。
1つのTRXの上に脚をの
せるのがやりにくい人は、
2個のTRXを重ねて脚を
置くのでもよい。TRXに
のせた脚が大きく振れない
ように、体幹や内転筋を締
めつつ行おう。

 ポイント

姿勢を意識して

腹筋、背筋トレーニングの際は、姿勢
が真っすぐであるかどうかも大事なポ
イント。体が斜めにねじれたり、丸まっ
たり反ったりせず、真っすぐな状態を
つくりつつ、トレーニングするように
意識しよう。

 アドバイス

力を入れるときに息を吐く

トレーニング時に呼吸は止めないこと。体幹部分
のトレーニングのときは止まりやすいので特に気
をつけよう。ポイントは、力を入れるときに吐き、
スタートポジションに戻すときに息を吸うこと。
たとえば⑬の場合は、お尻を持ち上げるときに息
を吐き、体を戻すときに息を吸うとよい。

⑲ブレスト
[大胸筋・腕まわり・体幹] 10回

TRX に肘のあたりをのせた状態で、平泳ぎのプル動作をイメージして行う。ゆっくり、真っすぐな姿勢を維持したままで行おう。可能であれば、肘が落ちないように引きつける。

体幹は常に締める

サイドプランク（ひねり）やブレストのとき、体幹が緩んでしまうとトレーニング効果が半減するばかりか、腰を痛めてしまうことにもなりかねない。トレーニングの動き自体も大切だが、先に説明したように、TRX トレーニングでは必ず姿勢を意識することが大事。そのためにも、体幹は常に締める意識を持って行おう。

できなければ
回数を減らそう

TRX トレーニングで、もし指定回数をこなすのが厳しければ、減らしても OK。回数を守ることよりも、正しいフォームでやることのほうが大切だからだ。崩れたフォームでは、絶対に TRX トレーニングをしないようにしよう。

⑳腕立て伏せ（通常）［大胸筋・腕まわり・肩まわり］ 8回

TRX に足の甲をのせた状態で腕立て伏せを行う。手の幅は肩幅程度。腰が落ちたり
体幹が緩んだりして、姿勢が崩れないようにしよう。

㉑腕立て伏せ（ワイド）［大胸筋・腕まわり・肩まわり］ 8回

手の幅を肩幅以上に広げた状態で腕立て伏せを行う。大胸筋への刺激が強くなる。

㉒腕立て伏せ（ナロー）［大胸筋・腕まわり・肩まわり］ 8回

手の幅を狭め、脇を締めるようにして腕立て伏せを行う。腕（上腕三頭筋、上腕二頭筋）への
刺激が強くなる。

第7章

チームビルディング

個々の力が強いだけのチームはもろい。目指すは"強いチーム"づくりだ。
チームが一つにまとまることは、チーム全体だけではなく、
選手一人ひとりの成長にもつながる。水泳は個人競技であるが、
仲間と一緒に同じ目標に向かって頑張ることで、よりよい練習、
より高いパフォーマンスができるようになる。

本当に"強いチーム"とは？

速い選手がいるから
強いのではない

　大前提として、「速い選手がいる＝強いチーム」ではないと考えます。では、本当に"強いチーム"とは、どのようなチームなのか？
　日大豊山では以下のように考えています。

❶個々の力が十分に発揮できる。

❷チーム一丸となり、同じ目標を持つ。そして目標の達成を目指して全員で努力、協力ができる。

❸挨拶や礼節、上下関係を大切にして統率が取れている。

❹水泳部の一員として"自覚"と"誇り"を持っている。

❺感謝の気持ちや素直さを持ち、まわりに応援される。

❻一人ひとりに役割があり、主体性を持っている。

❼人の目を見て話を聞く。

❽チーム内での情報共有を徹底している（スタッフ含めて）。

❾ライバルの失敗や不幸を喜ばず、尊重する。

❿問題やトラブルが起きたときは迅速かつ冷静に対応できる。

⓫自分が決めたことは徹底して取り組む。

⓬身のまわりの整理整頓ができている。

⓭決めたことは、徹底して本気で取り組む。

⓮選手だけではなく、スタッフ含めてのワンチームである。

　ほかにもたくさんありますが、特にこのような考えを柱にしながら、強い選手、強いチームづくりを目標に日々活動に取り組んでいます。

　インターハイは毎年開催地が異なるため、いつもと違う会場、違う環境でレースに臨まなければなりません。もちろん、地区大会や国際大会についても共通していえることです。そのため、天気や気候、社会情勢などの影響で十分とはいえない環境下でレースに臨まなければならないこともあります。

　以下のような選手の話をよく耳にします。

●地区大会や記録会では結果を出せるが、大きな大会や狙った大会では結果がなかなか出せない。

●調子のよいときと悪いときのタイムの差が大きくて安定しない。

●大事な大会では緊張や雰囲気に飲まれて普段の力が発揮できない。

　つまり、どのような状況下でもベストタイムを更新してライバルに勝つためには、速さだけではなく、強さも兼ね備えなければならないということです。

　では、その強さとはどのようにして身につけられるのでしょうか。それは、どのような状況、コンディションであったとしても、与えられた環境で常にベストを尽くせるように努力し続け、面倒くさいことや嫌なことに対してもきちんと向き合うことで、身につけられるのではないかと考えています。つまり、"日々の鍛錬"と"水泳への取り組み方"が大切になるということです。

　また、それは"競技者"としても"人"としても成長しなければならないということです。時間をかけて競技力とともに人間力も高めることができれば、必ず結果にもつながり、水泳を通して最も大切なことを学べるのではないでしょうか。

Theme 002
頑張る雰囲気をつくれるからこそ
チームで乗り越えられる

みんなで同じ目標に向かって
立ち向かう

　同じ目標を掲げ、一緒に向かっていくチームであれば、厳しい練習も頑張ることができます。日大豊山では『インターハイ男子総合優勝』を目標にして、チーム全員で厳しい練習に立ち向かっています。声を出し合うことでよい雰囲気をつくり出すことができ、厳しい練習であっても同じチームメイトの頑張る姿を見て自分を鼓舞することもできます。

　また、チームメイト同士で刺激を与え合ったり、日々競い合ったりすることで自分一人で頑張るときよりも追い込むことができます。"水は方円の器に随う"。この言葉のように、

日本一を目指すチームに所属することで、自分もその集団の一員になっていくのです。

　また、調子の悪いとき、思うようにいかないときこそ自分の立ち居振る舞いに注意しなければなりません。なぜならば、ポジティブな感情や雰囲気よりもネガティブな感情や雰囲気のほうが力が強く、すぐにチームに伝染し悪い方向へと流していくからです。これは選手だけではなく、指導者やマネージャーにも共通して言えることです。

　思うようにいかないときこそ、目標を思い出し、そのときにやれることを全力でやる。これを継続することができれば、自分にとってもチームにとってもプラスの方向に進んでいくはずです。

Theme 003
感謝と思いやりの気持ちを忘れない
よい結果は自分だけの力のものではない

自分一人の力で
結果は出せない

　家族や先生、コーチ、仲間、役員の方々など多くの人の協力や援助があるからこそ、今があります。今の状況が当たり前だと思わないことが大切です。決して自分一人の力だけで結果を出すことはできないはずですし、むしろ、人生において自分の力だけで乗り切れることはほとんどありません。日ごろから周囲に感謝することを忘れていないでしょうか。

　また、誰一人として、壁に当たることなく順調に記録を伸ばしてきた選手はいないはずです。これまでの指導の経験上、感謝の気持ちや素直さをもっている選手は、困ったときにまわりに応援してくれたりアドバイスをしてくれたりする人が多かったように感じます。強くなる選手には「感謝する気持ち、思いやり、素直さ」が共通してありました。

　そしてアドバイスをされたときは一度素直に受け入れることが大切です。人の意見を素直に聞かないということは、その分成長はできないということでもあるのですから。

ポイント

- 結果が出たときほど「感謝、思いやり、素直さ」を忘れてしまうことが多い！
- 自分で考えて主体的に動き、自分で責任を取る。環境や他人に責任を押しつけない。
- 不平不満ばかりを言っているようでは、自分と向き合えていないため弱点を克服できず強くならない。
- 自分に負ける人間、自分に嘘をつく人間は、人として成長できない。
- 嫌なことや辛いことと向き合う。

Theme 004
挨拶、礼節、上下関係は 統率力を高める

チームに必要なのは 上級生の責任感

　戦力は同じなのに結果が異なるのはチーム力が原因であり、最終的にはチーム力の強いほうが勝ちます。このチーム力は上級生を中心にして築かれるものです。チームをまとめるために必要なものは、上級生が速く泳ぐことではなく、チームをまとめて後輩を指導しようとする"責任感"です。仲よし集団ではなく、上下関係をしっかりと保っているチームのほうが、結束力が強いと感じています。

　これは身のまわりのことにも共通します。たとえば、日ごろからの整理整頓。部室や身のまわりが汚いチームは弱いです。強い選手や社会に出て活躍する人物は、身のまわりの整理整頓ができる人が多く、頭の中も整理整頓されているはずです。その清掃には指導者、上級生の指導力も示されているのです。

　日大豊山は毎朝10〜15分程度、部員約200人が全員でプールの清掃をするようにしています。普段からプールをたくさん使わせてもらっているため、泳力は関係なく、整理整頓や清掃は大切なことだと考えながら活動を行っています。

ポイント

- チームをまとめるのは、上級生の責任感。
- 悪いことをしたらすぐに謝る。
- 挨拶は相手の姿が見えたら自分から行くものであり、主体的にするものである。
- 身のまわりの様子は心の状態が反映されている。心が乱れていると身のまわりが汚くなりやすく、逆もまた然り。

Theme 005
すべては準備で決まる

4つのポイントを押さえる

　想定外のことが起きても取り乱すことなく、自分の仕事や役割を全うする。どのような状況でも対応できるようにする。そのためには、日ごろの水泳の取り組み方や調子の悪いときの取り組み方、過ごし方が鍵となります。インターハイでリレーの正選手として出るはずだった選手が急きょ泳げなくなり、ほかの選手を起用しなければならないときもありました。日ごろから何が起きてもすぐに対応できるように、さまざまな予測やシチュエーションを想定し、対応できる体力や力をつけておくことが大切です。

　日大豊山がインターハイで結果を出すために準備することは、以下の4点です。

- ●調子を合わせること。
- ●調子が合わなくても結果を出せるように力をつけておくこと。
- ●スタート台に立ったときに、自信を持ってレースに臨めるようにすること。
- ●レースは前半から積極的に攻めると決めておくこと。

　狙った大会は、調子が100パーセントで臨めるように調整しますが、実際には100パーセントの調子で臨むことは難しいものです。80パーセントの調子であればよいと考えています。そのため、「80パーセントでも記録を出せる力をつけること」「本番で全力を発揮できること」を頭に入れて取り組んでいます。リレーの引き継ぎも同様です。日ごろから引き継ぎの練習をしておきましょう。

Theme 006
基本と継続が大切である

失敗から学ぶことも多い

　常に調子がよい選手はいません。調子が悪くなったときこそ、基本に立ち返ることで原因がわかることが多いものです。

　体力をつけたり技術を上達させたりするのには時間がかかり、大変な努力が必要です。逆に、体力がなくなる、技術が落ちていくのは簡単で早いものです。要は「坂道」と同じです。登るのはきつく大変ですが、下るのは楽で簡単です。特に、体力が落ちるときは無意識のうちに想像以上に落ちていることが多

いです。そうならないためには、基本練習を継続しておくことが大切なのです。

　そして、成功よりも失敗から学ぶことのほうが多いのも事実です。そのため、失敗したあとにどのような行動を取るのかが大切だと考えています。失敗から何も学ばないということが最ももったいなく、成長しない人に共通している部分でもあります。

　人は、失敗するから成功することができます。失敗を恐れず、チャレンジする気持ちを忘れないようにしてほしいです。

Theme 007
一人ひとりが役割を持つ
主体的なチーム

それぞれが活躍できる
場を設ける

　キャプテンや副キャプテンなど、チームの中心となる人物はもちろん重要です。しかし、主となる役職のメンバー以外にもチームにとっては重要な役割があります。たとえば、
- よい雰囲気をつくり出すムードメーカー
- 泳ぎでチームを引っ張るエース
- 水泳が大好きで練習を人一倍頑張る選手

などです。つまり、競技力だけではなく、一人ひとりが責任を持ちながら、活躍できる場を設けられるようなチームを目指すことが大切です。

　人間は、責任感を持ったときに力を発揮しやすいのです。一人ひとりが活躍できたり、役割を持てたりするようなチームをつくることができれば、自然と雰囲気もよくなっていくはずです。

　また、指導者は大人だけではありません。

指導者→3年生→2年生→1年生の順に指導していきます。指導者から直接1年生に指導するのではなく、上級生から下級生に指導することを通して、上級生たちの今後の成長にもつながります。それが、チームワークや一体感、チーム力の強さにつながっていくはずです。

ポイント

- 頭ごなしの指導ではなく、チーム、下級生のことを考えて指導する。
- 下級生であったときの気持ちを忘れない。
- 短い時間でもいいからミーティングを小まめに行う。何かあればすぐに行う。
- 一人ひとりがチームの一員であることを実感できるようなチームづくりをする。

自分で考えて
成長できる選手を育てる

競技力に関係なく
同じように接する

最初からなんでもできる選手には、指導が必要ありません。むしろ、練習をきちんとやらない選手をどのように指導するのかが、私たち指導者の仕事だと考えています。

しかし、選手の顔色ばかりうかがったり馴れ馴れしくしたりすることは、教育者である私たちがやってはいけないことです。ダメなことはダメだとはっきり示すのも、指導の一環として必要です。そして最終的なゴールは、指導者が誰であろうが、指導者がいないような状況であっても、自分で考えて成長していける選手になれることだと考えます。つまり、自分と向き合い、自分のことをよく知っていくことが何よりも大切です。

また、競技力が高い選手は、どうしてもまわりから特別な扱いをされる場合が多いです。しかし指導者は、競技力に関係なく、全員に対して同じように接していかなければなりません。

大切なのは、水泳を引退したあとや大人になってからです。そのときに"どれだけ速く泳げたか"は意味を成しません。"速いから偉いのではない"。そのことをしっかりと高校生のうちに指導しておくことは、何よりも大切だと考えています。水泳に取り組むこの時期は、あくまで大人になるための通過点ということを忘れないように、選手と接していかなければならないでしょう。

そして最後に、日大豊山では相手の選手、

チームが失格したときに決して喜ばないように、選手たちに言い聞かせています。今の自分たちがあるのはライバルのおかげでもあるため、常に敬意を持つことが重要です。

お互いを尊重し合う気持ちを忘れず、切磋琢磨していくことが、日本のスポーツ界への貢献につながるのではないかと考えています。

ポイント

- 大切なことは何度も伝える。
- 総合的な人としての成長が大切である。
- 指導者も常に謙虚さを忘れず、日々学習することを怠らない。
- 卒業や引退後にも、挨拶や顔を出しに行きたいと思われるようなチームづくりを目指す。

第8章

トレーニング計画&メニュー

練習計画は年間、月間、週間に分けて考える。
年間では、1年の中でメインとなる大会に向けて、
どういう強化をしていくかを俯瞰して考える。
その大枠に沿って月間、週間と細かく強化プランを定めていく。
本章では、インターハイで総合優勝を果たした日大豊山の
トレーニング計画の立て方と練習メニュー例を公開する。

インターハイを軸に年間プランをつくる

日大豊山では、夏のインターハイに照準を合わせて年間の強化スケジュールを組んでいる。中にはインターハイ後の国体、3月のJOCジュニアオリンピックカップや4月の日本選手権を狙う選手もいるが、大多数の選手が夏のインターハイを最も重要視しているため、チーム全体の動きは1年をかけてインターハイに照準を合わせていくようになる。

さらに、各月に開催される記録会や大会などもインターハイを見据えて、どの時期のどの大会に出場したほうがよいかを考えるようにしている。ここでは、2023年8月に北海道で行われたインターハイに向けた強化スケジュールを紹介する。紹介している内容は大まかなベースとなるため、あくまで参考にしてもらい、選手の力量や状況でアレンジしてみよう。

1年間のスケジュール例

8月のインターハイが中心なので、インターハイが終わり、翌月の9月を始動とする。

上半期		
	立ち上げ	9月
	量的強化期	10月～12月
	質的強化期	1月～3月

下半期		
	立ち上げ	4月上旬
	量的強化期	4月下旬～5月
	質的強化期	6月～7月
	調整、試合期	8月

MEMO

練習回数について　①午前練習のみ　②午後練習のみ　③午前練習と午後練習
上記のような3つのパターンで構成。なお、授業があるときの午前練習は、6時45分～7時45分までの60分程度としている。

練習強度について　強度は5段階で設定している

高	やや高い	中	やや低い	低い
5	4	3	2	1

チーム分けについて　ショート 50～100mを専門　ミドル 100～200mを専門
ロング 400～1500mを専門

練習で気をつけているポイント

クロール（自由形）

背泳ぎ

平泳ぎ

バタフライ

スタート＆引き継ぎ

補強＆筋トレ

チームビルディング

トレーニング計画＆メニュー

メニュー作成のポイント

❶１年間の強化シーズンを分ける

↓

❷月ごとのテーマ、ポイントを決める

↓

❸それに沿って、１週間の練習スケジュール
と各練習のポイントやテーマをつくる

↓

❹テーマやポイント、選手の状態を考えなが
ら練習メニューをつくる

取り組み方

「ハード」のトレーニングは、１本目から頑
張ること。だんだん記録を上げていったり、
最後だけ頑張ったりしないこと。また、レー
スを想定した泳ぎを心がけることも大事。練
習内容のポイントを外さないようにする。

タイムや泳ぎをなるべく安定させよう。そ
の日によってタイムや泳ぎが不安定にならな
いことが大切。狙った試合で、調子が８割
程度だったとしてもベストを出せる力をつけ
ておくこと。これが自信につながる。

そして、練習開始のタイミングで全員揃っ
ていることはチームとして当たり前。全員が
揃って練習を開始できるようにしよう。また、
ドリルとフォーム練習を毎回15分程度入れ
ておく。よい泳ぎを常に意識することが大切
だからである。そして、練習後の疲労を考え
て、ダウンは必ず15分程度行うこと。

泳ぎ込み

バタフライで泳ぐ練習を多めに入れると自
然と強度が高くなる。距離を泳ぐときは
4000メートルを基準にしてクロールや個人
メドレーを多めに入れるなど工夫をする。

200メートルの練習をクロールや個人メド
レー、また専門種目で頑張れる体力をつける
ことが大切。それぞれの専門種目で400メー
トルくらいまでを全力で泳げるほどの体力を
つけることを強化のひとつの目安にしよう。

日大豊山では、強化期に100メートル×
20本（３分サイクル）や200メートル×10
本（５分サイクル）をS1でのハードで泳ぐ
メニューを定期的に行い、前回と比較して記
録が上がったか、泳ぎがどうだったのかを確
認する目安、材料にしている。

キックを大事に

キックは練習するほど強くなるので、キッ
クの練習を多めに入れている。ボードは小さ
いものを使い、前をつかまずにボディポジ
ションを高めてキックを行おう。泳ぎ込みで
は必ず2000メートル程度のキックの練習を
入れる。

日大豊山のマインド

練習がきついとき、調子が悪いときこそ声
を出すなどして、チーム全体に対してよい雰
囲気をつくるように努める。ダメなときこそ、
その人の本性が出る。だからこそ、あきらめ
ない気持ちを持つことは大切。調子が悪かっ
たり上手くいかなかったりしたときは基本に
返ると調子を取り戻しやすい。

また、水泳以外の体力をつけることも大事。
泳ぐだけではなく、歩くなど日常生活の運動
量を増やそう。

1カ月ごとのスケジュール

9月▶立ち上げ期

- 練習回数は週6回程度。全員が同じ内容を行う。
- 1回のメニュートータル距離は3000〜5000mぐらいをメドに。
- リレーや水球などのレクリエーションも織り交ぜながらチームビルディングも行う。
- 1回の水中練習時間は60〜90分ぐらいから始め、ドリル、フォーム、陸上トレーニングを徹底的に行う。
- この時期に泳ぎの基本的な形を固める。
- 25m、50mのスピードを多く入れ、速い動きでも泳ぎが崩れないように意識する。

練習強度
1〜2

※インターハイ、JOCジュニアオリンピックカップ後から9月の始業式まではオフ、もしくはフリープラン（自由練習）

💡 **9月のポイント**

- 少ない距離、時間で少しずつ慣らしていく。
- この時期に陸トレを、形、鍛える部位の確認などもしながら普段よりも多めに行う。
- 最も大切なことは泳ぎを丁寧にすること。
- スイムよりもキックのほうが頑張りやすいため、キックのハードを多めにする。
- インターハイが終わってからおおよそ1〜2週間程度オフをとることもあるが、選手の体質や特性によって対応は異なる。

10月▶冬場の泳ぎ込みへの準備

練習強度
ショート 4〜3
ミドル 3
ロング 2

ショート	1回のトータル距離：5000〜6000m程度
ミドル	1回のトータル距離：6000〜7000m程度
ロング	1回のトータル距離：7000〜8000m程度

- 全身持久力の向上がメインとなるが、強度を上げて耐乳酸能力の向上も行う。
- HRを高いところで維持しながら、高いレベルで泳げるようにしていく。

- 1週間の練習回数は6〜8回程度。
- 9月で固めたフォームを意識しながら、冬場の泳ぎ込みができるように体力をつけていく。
- 10月の泳ぎ込みが始まるくらいから、ショート、ミドル、ロングのチームに分けていく。
- 基本的に1日1回練習とし、1回ごとの練習を全力で頑張れるようにする。
- 短水路の試合も始まってくるため、久々の短水路の試合でベストを出せるように力をつけていく。
- 年間を通して50m専門の選手は、練習回数やトータル距離をもっと減らしてもよいが、練習強度を上げよう。

11月▶1日2回練習を頑張る体力をつける

練習強度
ショート 4〜3
ミドル 3
ロング 3〜2

| ショート | 1回のトータル距離：5000〜7000m程度 |

- 全身持久力と耐乳酸能力の向上を目的とする。
- 練習量が多くなりすぎるとスピードが落ちやすくなるため、量を確保しつつ、練習強度を高めに設定する。

ｸﾛｰﾙ(自由形)

背泳ぎ

平泳ぎ

バタフライ

スタート&引き継ぎ

補強&筋トレ

チームビルディング

トレーニング計画&メニュー

ミドル 1回のトータル距離：6000〜7000m程度
- 距離を増やしつつ、全身持久力と耐乳酸能力の向上を目的とする。
- S1の距離を増やしていく。強度は低くてよいので、200mや400mなどの1本ごとの距離を増やしていく。

ロング 1回のトータル距離：7000〜8000m程度
- 練習強度を低くして、練習量を多くする。全身持久力の向上を目的とする。
- ミドル同様に1本ごと、1セットごとの距離を増やしていき、ショートサイクル（10〜15秒程度のレスト）のメニューも入れていく。

■ 1週間の練習回数は8〜10回程度（最大で午前練習4回、午後練習6回）。
■ 距離を増やしながら強度も上げていく。有酸素系の練習が多くなりやすい。
■ 練習回数や距離が増える中で授業も受けなければならないため、体力的に厳しくなりやすい。日照時間が短くなり寒くなるので、精神的にも辛くなる時期。指導者は選手のケアを忘れない。

12月▶1年間で最も泳ぎ込む

練習強度	
ショート	4
ミドル	4〜3
ロング	3〜2

ショート 1回のトータル距離：5000〜8000m程度
- 引き続き、全身持久力と耐乳酸能力の向上を目的とする。
- ショートの選手でも距離を泳ぐ練習を入れ、そのときは強度を低めにしてじっくりと泳ぐ。ただし、その代わりにスピードが落ちやすくなるため、練習強度が高めの練習や25mのハードを入れるなどして、刺激を入れておく。

ミドル 1回のトータル距離：6000〜9000m程度
- 引き続き、全身持久力と耐乳酸能力の向上を目的とするが、11月よりも距離を増やして強度も上げていく。
- キックやプルも鍛えつつ、スイムはS1だけではなく、FrやIMでも距離を泳ぎながら強化をしていく。

ロング 1回のトータル距離：7000〜10000m程度
- 全身持久力の向上を目的とし、距離も強度も上げていく。
- 400mの選手は耐乳酸能力も必要となるため、練習強度を上げるメニューを取り入れる必要がある。

■ 1週間の練習回数は8〜10回程度（最大で午前練習4回、午後練習6回）。
■ 総距離は1年間の中で最も多くなる。全体的に距離が増えるため、練習強度は高くなりにくい。
■ 栄養、休養、体のケアをいつも以上に心がける。
■ 練習量が増えると、呼吸の影響でバランスが崩れやすくなるため、左右呼吸やシュノーケルを使うことをおすすめする。

11、12月のポイント

- 11月、12月の泳ぎ込みが夏の結果に大きく影響する。個々で目標を持ちながら練習に取り組む。
- 11月、12月に参加する大会は、あくまで強化の一環として試合に出場しているため、大会のために練習回数や内容を減らしたりせず、強化をしながら大会に出場する。
- 冬場はショート、ミドル、ロングなどで分けず、チーム全員で同じ練習に取り組むこともある。コミュニケーションを取り合い、チームメイト全員で厳しい練習を乗り越える。チームビルディングを大切にする時期でもある。

157

1月▶泳ぎ込みと練習の質を高めていく

	練習強度
ショート	4〜3
ミドル	4〜3
ロング	3

`ショート` 1回のトータル距離：5000〜7000m程度
● 耐乳酸向上がメインとなり、強度は高くなりやすい。
● 回数は減らしていくが距離を泳ぎ、持久力の向上を目的とする練習も合間に取り入れていく。

`ミドル` 1回のトータル距離：6000〜8000m程度
● 引き続き、全身持久力と耐乳酸能力の向上がメインとなる。
● 12月よりも練習量は少し減らしながら強度を上げていく。強度を上げるために、S1の1本、1セットの距離を減らしたりサイクルを長くしたりして頑張りやすくする。

`ロング` 1回のトータル距離：7000〜9000m程度
● 全身持久力の向上がメインとなるが、強度を上げて耐乳酸能力の向上も行う。
● 1本の距離を短くしてレースペースなどを組み入れていく。
● またHRを高いところで維持しながら、高いレベルで泳げるようにしていく。

■ 練習回数は週6〜10回程度。
■ 1月から大会の出場回数が増えてくる。記録を出せるように強度の高い練習も組み入れていく（大会に出場するのは月に2回程度が目安）。

💡 **1月のポイント**

● 12月の泳ぎ込みでフォームが崩れていることが多いため、この時期に再度フォームを確認する。

● 大会に出場する前日はフリープランにする。この時期から大会当日の自分の調子の上げ方や、ベストパフォーマンスをするための調整の仕方を自分なりに探っていくよう伝える。

● 量を泳ぐので、冬場のレースはアップを多めにしたほうが体は動く。

● 夏の大会に向けて、予選が行われる場合は朝から体を動かし、予選からしっかりとよいタイムを出せるように心がける。

2〜3月▶強化をしながら大会に出場しベストを出す

	練習強度
ショート	4
ミドル	4〜3
ロング	3〜2

`ショート` 1回のトータル距離：4000〜6000m程度
● 1月よりもさらに練習強度を上げて耐乳酸能力の向上を図り、距離を泳いで持久力を維持する練習も合間に入れていく。
● 強化をしながら大会に出場していくが、疲労が残りすぎないように調整する。

`ミドル` 1回のトータル距離：6000〜7000m程度
● 全身持久力と耐乳酸能力の向上がメインとなるが、練習量を少し減らしながらさらに強度を上げていく。
● ブロークン（200mの試合に出る場合は100m×2、50m×4などに分ける）を入れたりして強度を上げる練習を増やし、レースで力を発揮しやすいようにする。

`ロング` 1回のトータル距離：6000〜8000m程度
● 引き続き、全身持久力の向上がメインとなるが、1月よりも強度を上げる練習を取り入れる。
● レースペースやハイアベレージなどを多めに入れたり、スピード練習を週1回程度入れたりしていく。
● 1本を長い距離（800mや1500m）で泳ぐ練習も引き続き入れておく。

■ 練習回数は週6〜10回程度。
■ 2月も大会に出場するが、1月よりも練習で強化をしながら出場する。

- ここの強化が春先の大会に影響するので、しっかりと練習を積んでおきたい。そのため、朝練習をなくしたり、練習内容を軽くしたりするのは、大会の2日前くらいにとどめる。
- 全体的に練習強度を上げていくが、完全に距離を減らすのではなく、泳ぎ込みを入れながら質を高める練習を増やしていく。
- 狙った大会（JOCジュニアオリンピックカップ春季大会や日本選手権）があるときは、大会の10日前ぐらいから1日1回練習にして強度も落とし、スピードを出しやすくしていく。
- なお、春の全国大会に出場できない選手は、学校でプチ記録会のようなものを行う。

4月上旬～中旬 ▶ 新チーム始動・フォームの確認と強化への準備

練習強度 **3**

- 全員で一緒の練習メニューに取り組む。
- 1回のトータル距離は、すべてのチームで5000～7000m程度。
- JOCジュニアオリンピックカップ春季大会や日本選手権が終わったあとは、長期のオフを取らず、すぐに夏に向けた強化の準備を行う。
- 練習回数は週6回。
- 1回1回の練習に全力で取り組めるようにする。

💡 **4月のポイント**

- このタイミングで、新チームとして新入生も入れてチームビルディングを行う。
- 新入生に対しては練習で無理をさせすぎず、まずは生活環境、トレーニング環境に慣れていくところから始める。
- 陸トレ、水中のフォームを再確認しておく。

4月下旬～5月 ▶ 夏の大会に向けての泳ぎ込み

練習強度
ショート **4**
ミドル **3**
ロング **3~2**

ショート 1回のトータル距離：4000～6000m程度
- 冬場の量的強化期よりも練習量は減らすが、その分強度を上げていく。
- 夏の大会に向けて、全身持久力の向上のための練習も取り入れる。

ミドル 1回のトータル距離：6000～8000m程度
- ショート同様、冬場の量的強化期よりも練習量は減らすが、その分強度を上げていく。
- 強度は低くてよいので、200mや400mなどのS1で1本ごとの距離を増やしたメニューも入れていく。

ロング 1回のトータル距離：7000～9000m程度
- 練習量は多めにしつつ、冬場よりも練習強度を上げ、全身持久力、耐乳酸能力の向上を目指す。
- 高い泳速でキープする練習や高いHRをキープする練習を多めに入れる。
- 1本の距離やセットが長い距離の練習も入れておく。

- 1週間の練習回数は8～10回程度。
- 1日2回練習を入れていく。
- 冬場の泳ぎ込みの時期と同じように考えてもよいが、冬場よりもレベルアップしていることを前提に考え、冬場の泳ぎ込みの時期よりも速い練習タイムで泳げるように心がける。
- 質を上げる練習は冬場よりも多めに入れる。
- 下半身の泳ぎ込みの時期である。

6～7月中旬 ▶ 1年間で最も質の高い練習に取り組む

練習強度

ショート	5
ミドル	4
ロング	3

`ショート` 1回のトータル距離:3000～5000m程度

● 練習量を減らすだけではなく、1週間の練習回数を減らしたり、リカバリーを入れたりして練習の強度を上げていく。
● 状態によっては水中練習をせずに、陸上トレーニングのみ行う日をつくる。
● 1本1本集中して行うためにサイクルは長めにし、十分に休息を取りながら行う。

`ミドル` 1回のトータル距離:5000～7000m程度

● 練習強度をさらに上げて、耐乳酸能力を養う。
● Diveやサイクルを長めにして1本1本集中して取り組む、実戦的な練習を多く取り入れる。

`ロング` 1回のトータル距離:6000～8000m程度

● 全練習量はあまり落とさず、練習強度を高める。400m専門の選手は、さらに練習強度を上げていく。
● 100mや200mなどの短い距離に区切り、高いスピードで記録をそろえて泳げるような力をつけていく。

■ 1週間の練習回数は 8 ～ 10 回程度。　■ 1日2回練習を入れていく。
■ この時期の質の高い練習を、どのようにこなせたかで夏の結果が大きく変わる。
■ 練習強度が高くなる分、体への負荷も高いためケアをしっかりする。
■ インターハイ予選では、調整をせずに強化をしながら大会に臨む。疲れた状態でもベストを更新、もしくはベストに近いタイムで泳ぐことができれば、調整することでさらなる飛躍が期待できる。

7月下旬～8月 ▶ 調整期

練習強度

ショート	3
ミドル	3~2
ロング	2

`ショート` 1回のトータル距離:3000m程度

● 疲労の除去を最優先として、1週間の練習回数、練習量を減らしていく。
● 最低限の持久力は維持しつつスピードを高めていく。フォームや感覚にも注意を払う。
● しっかり休息を取ること。3日練習をしたら1回休みを入れる程度でよい。

`ミドル` 1回のトータル距離:5000m程度

● 練習回数を減らし強度を低くするが、試合のスピードに近いような練習も取り入れて刺激を与える。
● ミドルも疲労の除去を最優先とし、5日練習をやって1回休みを入れる程度が目安になる。

`ロング` 1回のトータル距離:6000m程度

● 持久力の維持を最優先にする。
● 練習回数はそこまで減らさずにある程度の練習量を、低い強度で泳いだほうが調子がよくなる選手が多い。
● レースペースや1本の距離が長い練習を少し挟むと、試合の感覚をイメージしやすい。

■ 脚の疲労は抜けにくいため、キックの量を全体的に減らしていく。
■ ショートでも距離を泳いでいたほうがよい選手もいれば、ロングでも距離を泳がないほうが調子が上がる選手もいる。この時期は調子が上がりやすい練習をしていくことが大切である。調子が上がらないからといって、不安になってたくさん泳ぐことはかえってマイナスになることが多い。

調整期のトレーニング

コミュニケーションを取りながら

　調整期（テーパー期）のトレーニングで日大豊山が大切にしているのは、コミュニケーション。選手と話したり泳ぎを観たりして、その選手がどのような状態にあるのかを把握する。ただ、これを狙った大会“だけ”でやっても意味がない。日ごろのコミュニケーションの中で選手のことを知っておけば、肝心要のときに、選手の状態をしっかりと把握する

ことができるようになる。

　日大豊山で行っている主なテーパーの方法は、まずしっかりと体の疲労をとる。そして、大会前々日くらいから練習メニューをフリーにして選手自身で調整させる。自分がどのような練習をして、どんな感覚で泳げるようになっていれば大会で最高の泳ぎができるのか。これらを冬場の試合で何度も試しておくことで、大事な試合前でも焦らず、自分のペースで調整し、ピタリと照準を合わせることができるのだ。

表　7月から（テーパー期）の流れ

期間	7月3~9日	7月10~16日	7月17~23日	7月24~30日
大会	7月3~7日 テスト		7月21~23日 関東高校	
練習内容	質量強化 テスト中は 1回練習	質量強化	強化 大会直前のみ テーパー期	量を多くして 軽いリカバリー 後半は質を上げる

期間	7月31日~8月6日	8月7~13日	8月14~20日	8月21~27日
大会			8月17~20日 インターハイ （メイン大会）	8月23~26日 全国JOCジュニア オリンピックカップ
練習内容	最後の質・量強化	徐々に疲労を抜き 調子を上げていく	調整 自由練習 （フリープラン）	調整 自由練習 （フリープラン）

スケジュールの立て方③
週間スケジュール

1週間の中で強弱をつける

　表1は、11月の量的強化期におけるミドルグループの1週間の練習スケジュール例だ。各練習のテーマを決めてから、そのテーマを軸にして練習メニューをつくっていく。

　基本的には強度に強弱をつけるようにするが、意図的に高い強度の練習を連続で行うこともある。量的強化期と質的強化期、上半期と下半期、ショートグループとロンググループなどで週間プランが変わってくるため、いくつものパターンが考えられる。

　右ページには、各グループの量的強化期と質的強化期のそれぞれで1週間のテーマとして考えるものと、そのテーマを入れる回数を記した。カッコ内の数字は、1週間の練習回数を想定したものになる。

表1　11月のミドルグループの週間スケジュール例

月	AM	Fr、IM中心 （低い強度で距離を泳ぐ）	木	AM	キック中心
	PM	キック・プル・スイムまんべんなく （低い強度で距離を泳ぐ）		PM	Fr、IM中心 （低い強度で距離を泳ぐ）
火	AM	キック中心	金	AM	スピード中心
	PM	S1中心（低い強度で距離を泳ぐ）		PM	S1中心（距離は中程度で やや高い強度で泳ぐ）
水	AM	OFF	土	AM	OFF
	PM	S1中心（距離は中程度で やや高い強度で泳ぐ）		PM	S1中心（距離を短くして 高い強度で泳ぐ）

週間プランでは、月ごとのテーマ、ポイントに沿って、
1日ごとのテーマを決めていく。

表2　各グループの量的強化期と質的強化期における各練習のテーマおよび回数

ショートグループ	
量的強化期（10回）	キック×2、スピード×1、低い強度×3、やや高い強度×3、高い強度×1
質的強化期 （9回、金曜AMはOFF）	キック×1、スピード×2、低い強度×2、やや高い強度×2、高い強度×2
ミドルグループ	
量的強化期（10回）	キック×2、スピード×1、低い強度×4、やや高い強度×2、高い強度×1
質的強化期（10回）	キック×2、スピード×1、低い強度×3、やや高い強度×2、高い強度×2
ロンググループ	
量的強化期（10回）	キック×2、スピード×1、低い強度×5、やや高い強度×2
質的強化期（10回）	キック×1、スピード×1、低い強度×4、やや高い強度×3、高い強度×1

■ 量的強化期よりも質的強化期のほうが、低い強度で距離を泳ぐ練習が減り、強度の高い練習が増えやすい。

■ ショートグループは、強度の高い練習やスピードトレーニングが多くなりやすく、低い強度で距離を泳ぐ練習が少なくなりやすい。ロンググループは逆である。

■ 同じ強化期（量的強化期、質的強化期）であっても上半期よりも下半期のほうが強度の高い練習の回数が増えやすい（上半期と下半期の量的強化期や上半期と下半期の質的強化期を比べた場合）。

■ 同じテーマだとしても、ショートグループ、ミドルグループ、ロンググループでそれぞれ練習メニューの内容は異なる。

■ キック中心の練習時は、キックのトータル距離を2000m程度で考える。ショートグループで強度を上げるときは、もう少しキックのトータル距離を減らす。

■ 調整期は、1日ごとのテーマをつくらずに、疲労を抜いたり調子を整えたりすることを最優先に考える。休みも多くなりやすいため、1週間ごとに考えるのではなく、調整期という広い範囲で考える。

グループ別、種目別に考える

全体練習

全体で行う練習メニュー例

カテゴリー	距離	本数	サイクル	種目	内容
W-UP	400m×	1本	(6'00)	CHO	
	50m×	3本	(1'00)	CHO	12.5mSprint
	25m×	6本	(+10")	S1	Drill&Form
KICK	100m×	5本 ×2セット	(1'50)		1セット:3t:Ba 2t:Fr 2セット:S1
	50m×	8本	(1'10)	S1	Easy-Hard/1t
PULL	100m×	8本 ×2セット			1セット:(1'30)2t:S1 1t:Fr 2セット:(1'40)Fr-S1/1t ※S1=Hard
EASY	100m×	1本			EASY
DRILL	25m×	16本	(+10")	S1	Drill&Form
SWIM	100m×	12本	(1'30)	S1	Frの選手 Des/4t ※HR25～ Fly、Baの選手 2t:S1、1t:Fr ※S1=Des Br、IMの選手 IM Switch/4t ※Des1-4
	50m×	8本 ×3セット			1セット:(45") 2t:S1、1t:Fr 2セット:(1'00) Hard 3セット:(1'15) E-H/1t
DOWN	100m×	6本	(1'40)		1t:(2'00) Kick 2、4t:12.5mSprint
	50m×	4本	(+10")		Drill&Form
	100m×	1本			25m逆クロール

[**主な用語説明**] ※ P171 にもあり

CHO：チョイス（種目は自由）　　S1：スタイルワン。専門種目のこと　　Sprint：短い距離を全力で泳ぐこと
Drill：ドリル練習　　Form：フォーム練習　　Easy：ゆっくり泳ぐ
Hard：ハードに泳ぐ（心拍数30前後 /10秒）
IM Switch：個人メドレーの種目切り替え（例：バタフライ→背泳ぎ、背泳ぎ→平泳ぎ、平泳ぎ→クロール）
Des：ディセンディング。1本ずつ記録を上げていく
HR：ハートレート。心拍数のこと。基本的に10秒間の回数を表記

[**補足および解説**]

● 上記の練習時間は120分程度、距離は7000 m程度

▎**W-UP（ウォーミングアップ）**

● アップは基本的に種目、道具、内容は自由

にしている。当たり前であるが、チーム全員が揃ってアップを始めるように。

● 体を動かしやすくするために、スプリントで刺激を入れる。また、アップ時にダイブ、フローティングスタート、壁キック→ター

最後は練習メニューについて。メニューの中身、気をつけていること、種目ごとに特化した練習メニューの例を紹介する。

ンをしてスプリント、など、瞬発系の練習を入れている。

- アップ時にスカーリングなどのドリルを入れることで、水を捉える感覚などを確認することができる。

KICK（キック）

- Ba のときは膝を出さずに、脚全体で水を捉えるようにする。また、あえてターン後のバサロキックを 4 ～ 5 回程度打つことも大切。
- シュノーケルを使用し、ボディポジションを高めてキック動作を行う。

PULL（プル）

- クロールが専門の選手はクロールだけではなく、専門種目のところでバタフライや個人メドレーなどの他種目で行うのもおすすめ。
- プルでもクロールやバタフライではシュノーケルを使って、フォームに気をつけながら泳ぐのもよい。

EASY（イージー）

- Easy も大事な練習のひとつ。きちんと泳ぐこと。

DRILL（ドリル）

- 一人ひとりで課題や改善点が異なるため、ドリルの種目はあえて指定しない。
- 日大豊山では毎日 15 ～ 20 分程度のドリル＆フォームの時間を設けている。
- チーム全員で行う全体練習でも、メニューによっては種目ごとに内容を変えて行う。

SWIM（スイム）

- クロールはゆっくり泳ぐと強度が低くなるため、1 本目からそこそこの泳速で泳ぎ、スピードを少しずつ上げていく。

- 専門種目は、100m を通してよいフォームで泳ぐことを大切に。
- 50 m のセットは、セットごとにサイクルを伸ばしていく（長くしていく）ため、泳ぐ強度を高めていく。
- ただがむしゃらにハードをするだけではなく、スタート、ターン、タッチ、フォームも意識して泳ぐ。
- 泳ぎが崩れた状態でハードをしてもあまり意味がない。タイムもフォームも、レースを想定した高いレベルを意識する。

DOWN（ダウン）

- ダウンは 20 ～ 30 分程度、全力の 40％で行うことが理想。ただし、練習時間が長くなってしまうため、15 ～ 20 分程度で終わるように考えてメニューを組んでいる。
- 強度が高い練習のときは、ダウンの時間、距離を増やすこともある。
- サイクルを設け、キックやスプリントなどを入れ、体をただ休めるだけではなく、刺激を入れて回復を促す場合もある。

  また、たとえば 600 m × 1 など、距離だけを指定するダウンの場合、正確な距離を泳がなかったり、だらだら泳いで止まったりする選手もいるため、サイクルを設けることでしっかりと泳がせるようにしている。
- 逆クロールとは、クロールの泳ぎ方で脚方向に向けて泳ぐ方法。普段の動きと逆の泳ぎを入れることで、関節を締めて故障の予防への効果を期待している。

ショートグループ

ショートグループで部分的に取り入れるメニュー例

量的強化期	
Pull	① 50m × 20本　Fly
	② 400m × 2本　S1 　 200m × 3本　S1 　 100m × 4本　S1
Swim	① 50m × 8本 × 4セット S1　1セット：(50")Even　2セット：(1'00)3H-1E 　 3セット：(1'10)2H-1E　4セット：(1'20)E-H/1t
	② 100m × 6本 × 4セット Fr 　 1セット：(1'30)Smooth　2セット：(1'30)Des/2t 　 3セット：(1'40)HR25-27　4セット：(1'40)HR28
	③ 150m × 6本 × 3セット Fr　1セット：(2'10)HR25-26 　 2セット：(2'10)HR27-28　3セット：(2'30)Smooth-Hard/1t
質的強化期	
Pull	① 50m × 8本 (1'30)　S1　Hard
	② 100m × 4本 (2'30)　S1　Hard
Swim	① 25m × 8本 × 2セット (30")　S1　[90%] 　 25m × 4本 × 2セット (30")　S1　[100%]
	② 25m × 8本 × 3セット (30")-(40")-(50")/1セット　S1　Hard
	③ 100m × 4本 (8'00)　S1　Dive or 50m × 4本 (6'00)S1　Dive
どちらのときにも取り入れる	
Kick	① 25m × 8本 (50")　S1　Hard、25m × 8本　S1　Dive
	② 25m × 6本 × 2セット (1'00) 　 1セット：5秒壁キック→ 15m UW Hard-10m Easy　2セット：E-H/1t ※ UW
壁キック (シュノーケル)	① {Hard20秒 -Rest10秒 × 3本　Rest1'00}　× 3セット
Swim	① 200m × 5本 (3'30)　1 ～ 3t：Des　4t：100m E　5t：Hard 　 100m × 5本 × 2セット (2'00)　1 ～ 3t：Des　4t：50m E　5t：Hard 　 50m × 5本 × 3セット (1'10)　1 ～ 3t：Des　4t：25m E(折り返し)　5t：Hard
	② 30m折り返しリレー × 3セット (15m →ターンして戻る) 　 スウェーデンリレー × 2セット 　 (10m →ターンして→ 15m →ターンして戻る→ 20m →ターンして戻る)

＜注釈＞

- 表記は主に左から距離、本数、セット数、サイクル（カッコで表記）、種目、内容（解説はP171参照）。
- ジュニア期はショートだからといって泳がなくてよいとは考えていない。200 mの種目を泳げるような体力をつけられるように考えている。
- 量的強化期と質的強化期で距離や内容は変わってくるが、毎回の練習で質が高いわけではなく、質が低い練習とスピードを上げる練習を入れている。
- 出し切るような練習はサイクルを長くして1本1本集中して行う。
- S1だけではなく、FrやIMなどを入れながら体力をつける。
- キックは定期的に50 × 2 (2'00) や100 × 1のタイムトライアルを行うことで、キックが成長しているかを確認することができる。

ミドルグループ

ミドルグループで部分的に取り入れるメニュー例

量的強化期	
Kick	① 50m × 20本（1'10）　S1　Hard
	② 200m × 4本 × 3セット　S1（3'30）-（3'20）-（3'10）/1セット
	③ 100m × 4本 × 5セット S1　自分が挑戦できそうなグループを選んでみる。 Ａ（1'30）-（1'25）-（1'20）-（1'15）-（1'10）/1セット Ｂ（1'35）-（1'30）-（1'25）-（1'20）-（1'15）/1セット Ｃ（1'40）-（1'35）-（1'30）-（1'25）-（1'20）/1セット Ｄ（1'45）-（1'40）-（1'35）-（1'30）-（1'25）/1セット
Pull	① 200m × 4本 × 3セット　Fr（2'45）-（2'35）-（2'25）/1セット
	② 400m × 3本（6'30）　S1　Des1t-3t
Swim	① 100m × 8本 × 3セット　Fr（1'20）-（1'30）-（1'40）/1セット　Des/1セット
	② 300m × 10本（4'10）　S1　HR25-27、200m × 3本（3'00）　S1　Hard
	③ 100m × 28本（1'30）　1～16t：1t：Smooth　3t：HR25-27 17～28t：1t：Easy　2t：HR28
	④ Ａ 100m × 8本（1'30）、Ｂ 100m × 6本（1'40）、Ｃ 100m × 4本（1'50）、 Ｄ 100m × 2本（2'00）S1　Des/Ａ→Ｄ
	⑤ 100m × 3本 × 6セット　S1（1'20）-（1'15）-（1'10）/2セット
	⑥ 400m × 3本（6'00）　S1　Des1-3t 50m × 4本 × 3セット　S1　Hard（1'00）-（1'10）-（1'20）/1セット
質的強化期	
Kick	① 100m × 8本（2'30）　S1　Hard
	② 50m × 12本（1'30）　S1　Hard
Pull	① 100m × 16本　S1　1-8t：（1'40）Even　9-16t：（2'00）E-H/1t
	② 50m × 16本　S1　1-8t：（1'00）Des/2t　9-16t：（2'15）Hard
Swim	① 100m × 8本 × 3セット　S1（1'40）-（2'00）-（2'20）/1セット　1E-3H
	② 100m × 4本（8'00）　S1　Dive　Hard、50m × 4本（6'00）　Dive　Hard
	③ 200m × 4本（5'00）　S1　Hard、100m × 6本（3'00）　S1　Hard
	④ 100m × 2本 × 3セット（1'30）　1t：90%　2t：100%、 50m × 2本 × 4セット（50"）　1t：90%　2t：100%
	⑤ 200m × 10本（5'00）or 100m × 20本（2'30）or 50m × 40本（1'30）　S1　Hard

＜注釈＞
- 表記は主に左から距離、本数、セット数、サイクル（カッコで表記）、種目、内容（解説はP171参照）。
- 量的強化期は、S1で1回の泳ぐ距離を多くした練習を入れる（300mや400mなど）。
- ブロークンを入れて、よい泳ぎで高いスピードを維持できるようにする。
- 質的強化期は質の高い練習が多くなりやすい。
- S1だけではなく、FrやIMを取り入れて体力をつける。
- BaとFrは同じ内容で行うのもよい。
- 3つのグループの中でKickの練習量が多くなりやすく、強度も高くなりやすい（量的強化期は1回の練習でキックの総距離が2000mぐらいになる）。

ロンググループ

ロンググループで部分的に取り入れるメニュー例

量的強化期	
Pull	① 1000m × 4本（12'30）　Fr　Des1t-4t
Swim	① 1500m × 3本（20'00）　Fr　Des1t-3t
	② 2500m × 1本、2000m × 1本、1500m × 1本、 1000m × 1本、500m × 1本　Fr　Des/2500m → 500m
	③ 100m × 8本× 4セット　Fr　（1'25）-（1'20）-（1'15）-（1'10）/1セット
	④ 200m × 20本（3'00）　Fr　Hard
	⑤ 400m × 8本（5'20）　IM-Fr/1t　Fr=Hard

質的強化期	
Swim	① 100m × 12本× 3セット 1セット：（1'20）HR25-26　2、3セット：（1'30）レースベース
	② 200m × 4本（2'40）Des1t-4t、200m × 8本（3'00）HR28、 200m × 4本（3'30）E-H/1t
	③ 100m × 4本× 6セット　1、2セット：（1'20）HR25-27、 3 ~ 5セット：（1'20）HR28-30　6セット：（2'00）E-H/1t

どちらのときにも取り入れる	
Pull	① 400m × 10本（5'00）　Fr
	② 800m × 5本（10'00）　Fr
Swim	① 100m × 4本× 6セット（1'20）　Fr　HR28
	② 100m × 30本（1'30）　Fr　HighAverage
	③ 200m × 8本× 3セット　1セット：（2'30）HR24-26 2セット：（2'40）HR26-28　3セット：（3'00）HR28-30

＜注釈＞
- 表記は主に左から距離、本数、セット数、サイクル（カッコで表記）、種目、内容（解説は P171参照）。
- 他の種目よりも量を多くするため質は上がりにくく、1本で力を出し切れない選手が多いように感じる。
- 一度に泳ぐ距離を長くする練習と、短い距離にして強度を上げる練習を取り入れる。
- Negative を入れるのもよい。
- 量的強化期は、3000 ~ 6000m程度の低強度~やや高めの強度を中心に行う。
- Frの泳ぐ量が多くなるため、左右呼吸やシュノーケルでの実施も。左右差、フォームに気をつける。

アドバイス

ランダムに
ピックアップ可

グループ、種目にかかわらず、実際にメニューを実施する際は、たとえば「今日はショートグループのスウェーデンリレーをやってみる」とか「ミドルグループは 400m × 4本 S1 の Des というメニューを取り入れてみよう」というように、各メニューを一つのピースとして活用しよう。

平泳ぎグループ

平泳ぎグループで部分的に取り入れるメニュー例

	量的強化期
Swim	① 400m × 4本(6'30) Br Des1t-3t 50m × 4本 × 3セット Br Hard(1'00)-(1'10)-(1'20)/1セット
	② 50m × 4本(45") Br Des1-4t、100m × 2本(1'30) Br Des1-2t、 200m × 1本(3'00) Br Hard × 4セット
	③ 50m × 8本 × 3セット Br (45")-(1'00)-(1'15)/1セット Hard
	④ 200m × 10本(5'00)or 100m × 20本(2'30)or 50m × 40本(1'30) Br Hard

	質的強化期
Swim	① 100m × 2本 × 3セット(1'40) Br HR28-30 50m × 2本 × 4セット(1'00) Br HR30
	② 100m × 4本(2'30) Br Hard、50m × 8本(1'30) Br Hard
	③ 100m × 4本(8'00) Br Dive or 50m × 4本(6'00) Br Dive

	どちらのときにも取り入れる
Drill	① 25m × 4本 × 8セット 1セット：片足Kick 2セット：NoBoardKick(シュノーケルあり) 3セット：NoKickPull 4セット：NormalPull 5セット：ドルブレ(フィンあり) 6セット：H-up → NormalSwim(ひとかきひとけりなし) 7セット：Form 8セット：Des1t-4t
	② 25m × 16本 奇数：2Pull-1Kick、偶数：2Kick-1Pull(WithPads) Des/4t
	③ 25m × 8本 奇数：NoKickPull、偶数：NormalPull/1t(WithPull) Des/2t
	④ 50m × 8本 Fly-NoKickBr/25m 50m × 12本 4t：3Kick-1Pull 4t：2Kick-1Pull 4t：NormalBr
	⑤ 100m × 3本 Fast 2Kick-1Pull
Swim	① 25m × 10本(40")ドルブレ(フィンあり) 50m × 4本(1'30)ドルブレ Hard (フィンあり)

< 注釈 >
- 表記は主に左から距離、本数、セット数、サイクル（カッコで表記）、種目、内容（解説はP171参照）。
- Fr、IM、Flyを中心にして持久的な練習を行う。
- 他の種目よりもドリル、フォームを多めにする（パドル、フィン、プルブイ、シュノーケルなどを使用することが多い）。
- 腰が沈んだり力みすぎたりしないように気をつける。
- 練習の内容は、グループがショートもしくはミドルでも変わってくるため、ショートとミドルの練習を少しアレンジしたりFrやIMに変えたりして取り組むことをおすすめする。
- ドリルの種目で距離を増やしたりDesやHardを入れたりしてアレンジするのもよい。

個人メドレーグループ

個人メドレーグループで部分的に取り入れるメニュー例

	量的強化期
Pull	① 100m × 28 本（1'30）IM Order/4t-IMSwitch/4t　Des/4t
	② 200m × 12 本 1-6t：（2'45）　7-9t：（2'50）　10-12t：（2'30）IM Order/3t
Swim	① 200m × 10 本（3'00）Fly　奇数：Pull、偶数：Swim
	② 100m × 30 本（1'20）　Br のみ（1'30）　3t：Fly、3t：Fly-Ba、 4t：Ba、4t：Ba-Br、5t：Br、5t：Br-Fr、6t：Fr　Des　Fly→Fr
	③ 200m × 4 本 × 3 セット（2'45）IM Switch/1t+Fr　Des/1 セット 200m × 10 本（5'00）or 100m × 20 本（2'30）or 50m × 40 本（1'20） IM Order　Hard
	④ 200m × 20 本 1-3t：（2'50）Fly　Des 1-3t、4-5t：（2'40）200IM　HR27-28、6-8t：（2'50）Ba　Des1-3t、 9-10t：（2'40）200IM　HR27-28、11-13t：（3'00）Br　Des1-3t、 14-15t：（2'40）200IM　HR27-28、16-18t：（2'30）Fr　Des1-3t、 19-20t：（2'40）200IM　HR27-28

	質的強化期
Pull	① 100m × 8 本（2'00）IM Order/2t　Hard
	② 200m × 4 本（3'20）200IM　Hard、 50m × 8 本（1'15）IM Order/2t　Hard
Swim	① 100m × 12 本（1'30）1t：E　3t：HR28、 50m × 4 本（1'10）IM Order/1t　Hard
	② 100m × 8 本 × 4 セット（1'40）IM Order/1 セット 1E-3H
	③ 100m × 4 本 × 3 セット（1'30）IM Order/1t　Hard 50m × 4 本 × 3 セット（50"）IM Order/1t　Hard
	④ 200m × 4 本（5'00）200IM　Hard 100m × 8 本（2'30）IM Order/2t　Hard 50m × 12 本（1'20）IM Order/4t　Hard

	どちらのときにも取り入れる
Swim	① 400m × 8 本（5'20）Fr-IM/1t　IM=Hard

＜注釈＞
- 表記は主に左から距離、本数、セット数、サイクル（カッコで表記）、種目、内容（解説はP171 参照）。
- 種目の切り替え、つなぎを大切にする（Switch や 200IM、400IM などで）。
- Fly を多めに入れる。
- 各種目の強度を高くする。
- Br、Fr の後半を意識した練習。
- 50m × 4 本や 100m × 4 本などの出し切るセットを複数行う。
- 200IM と 400IM のどちらの強化をするかで距離、内容が異なる。

練習メニュー用語解説

本章で紹介した練習メニュー内で使用されていた主な用語を紹介する。

クロール（自由形）
背泳ぎ
平泳ぎ
バタフライ
スタート＆引き継ぎ
補強＆筋トレ
チームビルディング
トレーニング計画＆メニュー

Fr クロール   **Ba** 背泳ぎ

Br 平泳ぎ   **Fly** バタフライ

IM 個人メドレー

S1 スタイルワン … 専門種目

Swim スイム（コンビネーション）

Pull プル（腕だけで泳ぐ）

Kick キック（脚だけで泳ぐ）

HR ハートレート（心拍数※基本は 10 秒間の数字を掲示）

サイクル インターバルトレーニングにおけるサイクル（本書ではカッコ内の数字がサイクルとして掲示）

例）50m × 4t 1 分サイクル　50m を 1 本泳いだあと 1 分経ったら 2 本目をスタートする

例）50m × 4t ＋ 10 秒　1 本泳いだら、10 秒休んで 2 本目をスタートする

t 本数　例）50m × 8t　50m を 8 本

Set セット

例）50m × 4t × 4Set
50m を 4 本泳ぐことを 4 回繰り返す

Even・Odd Even（偶数）、Odd（奇数）

H（Hard） ハード … ハードに泳ぐ（心拍数は 30 前後）

E（Easy） イージー … ゆっくり泳ぐ

例）2H-1E
2 本ハードに泳いだあと 1 本イージーで泳ぐ

Smooth スムーズにフォームに気をつけて泳ぐ

Des ディセンディング（1 本ごとにタイムを上げるなど）

例）100m × 6t Des ／ 2t
100m × 6 本を 2 本ごとにタイムを上げる

Form フォームに注意して泳ぐ

H-up 頭を前に向けて上げた状態のまま泳ぐ

No Board ビート板を使わない

With Pads パドルをつけて泳ぐ

No Kick キックを打たずに泳ぐ（プルブイをつけない）

ドルブレ 平泳ぎをドルフィンキックで泳ぐ

IM Order 個人メドレーの順番で泳ぐ

例）50m × 8t IM Order/2t
2 本ずつ個人メドレーの順番で泳ぐ

IM Switch 個人メドレーの順番で種目切り替えの部分を泳ぐ

例）100m × 4t IM Switch
1 本目は 50m ずつバタフライ→背泳ぎ、2 本目は背泳ぎ→平泳ぎ、3 本目は平泳ぎ→クロール、4 本目はクロール→バタフライ

Fly-Ba バタフライと背泳ぎで泳ぐ

例）100m × 4t Fly-BaBa-Br/2t
50m ずつバタフライ→背泳ぎと、背泳ぎ→平泳ぎを 2 本ずつ泳ぐ

90%（100%） 90% の力で泳ぐ（100% の力で泳ぐ）

Dive ダイブ…スタート台から飛び込んで全力で泳ぐ

UW アンダーウォーター（潜水）… 潜ったまま泳ぐ

ブロークン 100m を 50m × 2 本に分けて全力で泳ぐ。1 本目と 2 本目の間はだいたい 5 〜 10 秒休憩が多い

レースペース 自分がレースで泳ぐときのペース（タイム）で泳ぐ

High Average ハイアベレージ … 高い（できるだけ速いタイム）アベレージを維持して泳ぐ

Sprint 短い距離を全力で泳ぐ

Even（目的として） イーブンペースで泳ぐ

Negative ネガティブスプリット…前半よりも後半のタイムを上げて泳ぐ

長水路　歴代最高記録

種目	距離	樹立者	記録
自由形	50m	松井　理宇	22.75
	100m	柳本　幸之介	49.41
	200m	吉田　啓祐	1：47.02
	400m	吉田　啓祐	3：48.51
	800m	吉田　啓祐	7：53.85
	1500m	吉田　惇哉	15：10.41
背泳ぎ	100m	伊藤　智裕	55.62
	200m	伊藤　智裕	2：01.02
平泳ぎ	100m	谷口　卓	1：00.85
	200m	谷口　卓	2：11.13
バタフライ	100m	関　海哉	53.12
	200m	北川　凜生	1：58.04
個人メドレー	200m	中田　優一郎	2：02.08
	400m	宇都宮　壱基	4：18.77
フリーリレー	400m	松井理宇・光永翔音・錦織孟徳・隈部飛鵬	3：21.89
	800m	瀬良紘太・川口裕大・北川凜生・柳本幸之介	7：26.40
メドレーリレー	400m	田中雄貴・稲澤駿斗・北川凜生・柳本幸之介	3：41.64

短水路　歴代最高記録

種目	距離	樹立者	記録
自由形	50m	松井　理宇	22.01
	100m	関　海哉	48.41
	200m	柳本　幸之介	1：44.08
	400m	柳本　幸之介	3：45.02
	800m	碓井　創太	7：54.86
	1500m	碓井　創太	14：55.61
背泳ぎ	50m	関　海哉	24.52
	100m	田中　雄貴	52.41
	200m	田中　瑛之介	1：54.82
平泳ぎ	50m	谷口　卓	26.56
	100m	谷口　卓	57.84
	200m	塚田　大輝	2：07.66
バタフライ	50m	関　海哉	23.53
	50m	池江　毅隼	23.53
	100m	関　海哉	51.86
	200m	北川　凜生	1：55.29
個人メドレー	200m	北川　凜生	1：57.56
	400m	北川　凜生	4：07.93
フリーリレー	400m	田中厚吉・北川凜生・瀬良紘太・柳本幸之介	3：15.99
メドレーリレー	400m	田中雄貴・中島庸午・北川凜生・柳本幸之介	3：33.04

おわりに

　水泳は、いかに抵抗を少なくし、大きな推進力を生み出せるかという至ってシンプルなことが大切になります。そのためにも、ポイントを押さえながら基礎を固めていき、少しずつ自分の泳ぎを確立できるようにしてください。また練習メニューは、目標とする大会（記録会など）を設定し、そこから逆算をして各月、各週、1日ごとのテーマやポイントを決め、練習メニューを組み立てていくのがよいでしょう。あとは、泳力やチームの状況でアレンジしてみてください。

　「結果を出す人は才能があるから」といった話をよく耳にします。確かに才能は大切です。しかし、困難なことや壁にぶつかったときに、才能だけで対処することはほとんどできません。また、才能は生まれ持った能力であるため変えることは難しいですが、努力は気持ち次第でいくらでもすることができます。つまり才能だけでは成功することはできず、努力は才能以上に必要だと考えています。

　大切なことは、明確な方向性を定め、何をすべきかをよく理解した上で、粘り強く努力し続けることです。当たり前のことを継続させ、挫折したとしても挫けずに努力し続けることです。

“継続は力なり”。この言葉に尽きます。そして、目標に向かって最後までやりきった経験からは、多くのことを学ぶことができ、後の人生の財産になっていきます。ぜひさまざまなことに挑戦して、成功や失敗を繰り返しながら人間力を高めていってほしいと考えます。

　日大豊山水泳部は永い歴史と伝統があり、先輩方から受け継いだ伝統を大切にしつつ、誇りを持ってお互いを高め合っています。水泳は、個人競技でもありながらチーム競技でもあるので、チームや集団に所属することで、まわりの価値観が自分の信念に変わり、共に高め合うことができるようになります。つらく厳しい状況の中でも仲間と一緒に困難に立ち向かうことで、チーム全体だけではなく、自分自身の成長にもつながっていきます。そうして苦楽を共にした仲間や競い合ったライバルができるのも、水泳を通して得られる財産のひとつになります。

　水泳には正解がないことが難しいところでもあり、面白いところでもあります。私も常に試行錯誤を繰り返しながら自分自身が成長するように心がけています。本書を手に取ってくださったみなさまも日々アップデートできるように努めていただき、この本が少しでもお役に立つことができればうれしい限りです。

　本書作成のためにお力添えをいただきました、株式会社ベースボール・マガジン社のみなさま方をはじめ、関係する方々に感謝申し上げます。

2024年3月
日大豊山高校水泳部顧問
安村亜洲

著者プロフィール

安村亜洲
（やすむら・あしゅう）

1991年4月12日生まれ、徳島県出身。
日本大学豊山高校→日本大学法学部卒
業。高校在学中は自由形の長距離選手
として活躍し、主将を務めた。2014
年から日大豊山の地歴公民科教員、な
らびに水泳部コーチに就任。水泳を通
じて人間力を高めることを信念に日々
後進の指導に努めている。

撮影協力
左：松井理宇（まついりう）2024年3月卒業／自由形短距離
右：福田乃斗（ふくだないと）2024年3月卒業／バタフライ・個人メドレー

チーム紹介

日本大学豊山中学校・高等学校水泳部

1903年に私立豊山中学校の認可を受け創立。その9年後の1912年（大正元年）ごろには学校にプールができ、水泳部としての活動が始まったとされている。その後数多くの日本代表選手を輩出。オリンピック出場選手は在学中、卒業後合わせて13人。2021年に開催された東京オリンピックには柳本幸之介（2021年卒）、関海哉（2017年卒）が出場している。

日大豊山水泳部が掲げるのは、学校水泳の特色を生かし、競技力向上だけではなく、人としての成長を促し、大学、そして社会に出てからも活躍できる人材の育成。また、創部から数えると100年を超える伝統を引き継ぎ、礼節を重んじ、素直で真摯に物事に打ち込むことを伝え、守り続けてきた。日本高等学校選手権水泳競技大会（インターハイ）での総合初優勝は1963年。その後も幾度となく優勝を重ね、2017年からは6連覇中（2020年は中止）。

主な成績（学校対抗）

●日本大学体育大会
優勝63回（63年連続）

●東京都高等学校選手権
優勝63回（55年連続）

●関東高等学校選手権
優勝48回（7年連続）

●日本高等学校選手権（インターハイ）
優勝13回（6年連続）、準優勝21回、3位12回

（いずれも2024年3月時点のもの）

デザイン／ 田中ひさえ・藤本麻衣、
　　　　　　黄川田洋志・井上菜奈美（ライトハウス）
構成／田坂友暁
写真／黒崎雅久、野口智弘、日大豊山高校水泳部
イラスト／丸口洋平
編集／星野有治（ライトハウス）

強豪校の練習法

水泳 日大豊山高校式メニュー

基本を軸に泳ぎをつくる

2024年3月25日　第1版第1刷発行

著　者　安村 亜洲
発行人　池田 哲雄
発行所　株式会社ベースボール・マガジン社
　　　　〒103-8482 東京都中央区日本橋浜町2-61-9
　　　　　　　TIE 浜町ビル

　　　　電　話　03-5643-3930（販売部）
　　　　　　　　03-5643-3885（出版部）
　　　　振替口座　00180-6-46620
　　　　https://www.bbm-japan.com/

印刷・製本／広研印刷株式会社

©Asyu Yasumura 2024
Printed in Japan
ISBN978-4-583-11473-6 C2075